準2級 漢字検定

ピタリ! 予想模試

目次

目次	学習日	合格点	得　点	コメント
予想模擬 [illegible]	/	140点	点	
予想模擬テスト [illegible]	/	140点	点	
予想模擬テスト ❸ …… 10	/	140点	点	
予想模擬テスト ❹ …… 14	/	140点	点	
予想模擬テスト ❺ …… 18	/	140点	点	
予想模擬テスト ❻ …… 22	/	140点	点	
予想模擬テスト ❼ …… 26	/	140点	点	
予想模擬テスト ❽ …… 30	/	140点	点	
予想模擬テスト ❾ …… 34	/	140点	点	
予想模擬テスト ❿ …… 38	/	140点	点	
予想模擬テスト ⓫ …… 42	/	140点	点	
予想模擬テスト ⓬ …… 46	/	140点	点	
予想模擬テスト ⓭ …… 50	/	140点	点	
予想模擬テスト ⓮ …… 54	/	140点	点	
予想模擬テスト ⓯ …… 58	/	140点	点	

【資料】覚えておきたい熟字訓・当て字訓 …… 62〜63

● 解　答　編 …… 別冊

◇ コメントには弱点などを書き入れ，回を追うごとに力がつくようにしてください。

◇ 常用漢字表に対応しています。

予想模擬テスト 1

解答には、常用《じょうよう》漢字の旧《きゅう》字体や表外漢字および常用漢字音訓表以外の読みを使ってはいけない。

時間 60分

合格点 140／200

得点

(一) 次の――線の漢字の読みをひらがなで記せ。 (30) 1×30

1 筆記用具は消耗品だ。（　）
2 地方自治体の累積赤字が心配だ。（　）
3 若年の人口は逓減している。（　）
4 工事のため、通行を遮断する。（　）
5 化学反応に使う触媒だ。（　）
6 ひときわ傑出した人物だ。（　）
7 何事にも泰然と構える。（　）
8 上司から退職を勧奨された。（　）
9 彼の心理を洞察する。（　）
10 桟橋に船をつける。（　）
11 捜査の盲点をついて逃げた。（　）
12 大いに人生を享楽する。（　）
13 損害賠償を請求する。（　）

(二) 次の漢字の部首を記せ。 (10) 1×10

〈例〉 菜（艹） 間（門）

1 徹（　）
2 慶（　）
3 幣（　）
4 准（　）
5 威（　）
6 麻（　）
7 亜（　）
8 唇（　）
9 刃（　）
10 碁（　）

(三) 熟語の構成のしかたには次のようなものがある。 (20) 2×10

ア 同じような意味の漢字を重ねたもの （岩石）

(四) 次の四字熟語について、問1と問2に答えよ。 (30)

問1 後の□内のひらがなを漢字にして[1]～[10]に入れ、四字熟語を完成せよ。□内のひらがなは一度だけ使うこと。 (20) 2×10

ア [1]遍妥当（　）
イ 本末転[2]（　）
ウ 無[3]自然（　）
エ 安寧秩[4]（　）
オ 迷[5]千万（　）
カ 天衣無[6]（　）
キ 一[7]一憂（　）
ク [8]大妄想（　）
ケ [9]顔無恥（　）
コ 金城鉄[10]（　）

14 一刻の猶予も許されない。（　　）
15 石こうで塑像を制作する。（　　）
16 海藻は体によい食物だ。（　　）
17 講演者の挿話が面白かった。（　　）
18 完成した書画に落款を押す。（　　）
19 今回の事件は遺憾に堪えない。（　　）
20 温かい浴槽に身を沈める。（　　）
21 山頂から遠方を眺める。（　　）
22 むだな時間を費やした。（　　）
23 心が癒される音楽だ。（　　）
24 先を見据えた計画を立てる。（　　）
25 右に偏りバランスをくずす。（　　）
26 奇襲戦法で一泡吹かせる。（　　）
27 豪雪で大きな被害を被る。（　　）
28 娘の縁談が調った。（　　）
29 大通りを車が行き交う。（　　）
30 春の名残をとどめている。（　　）

イ　反対または対応の意味を表す字を重ねたもの　（高低）
ウ　上の字が下の字を修飾しているもの　（洋画）
エ　下の字が上の字の目的語・補語になっているもの　（着席）
オ　上の字が下の字の意味を打ち消しているもの　（非常）

次の熟語は右のア〜オのどれにあたるか、一つ選び、記号で記せ。

1 安泰（　　）
2 禍根（　　）
3 逸材（　　）
4 文武（　　）
5 喫茶（　　）
6 参禅（　　）
7 寛厳（　　）
8 不穏（　　）
9 遮光（　　）
10 拒否（　　）

い・き・こ・こう・じょ・とう・ふ・ぺき・ほう・わく

問2 次の11〜15の意味にあてはまるものを**問1**のア〜コの四字熟語から一つ選び、記号で記せ。　(10) 2×5

11 大事なこととそうでないことが逆になること。（　　）
12 詩歌など、技巧の形跡がなく、完全なこと。（　　）
13 何もせず、あるがままでいること。（　　）
14 守りが堅固で、つけこむすきがないこと。（　　）
15 どのような場合にもあてはまること。（　　）

（五）次の1～5の対義語、6～10の類義語を後の□の中から選び、漢字で記せ。□の中の語は一度だけ使うこと。

(20) 2×10

対義語

1 召還（　）
2 冒頭（　）
3 淡泊（　）
4 凡庸（　）
5 正統（　）

類義語

6 調停（　）
7 厄介（　）
8 清廉（　）
9 激励（　）
10 克明（　）

いだい・いたん・けっぱく
こぶ・たんねん・ちゅうさい
のうこう・はけん・まつび
めんどう

（七）次の各文にまちがって使われている同じ読みの漢字が一字ある。上に誤字を、下に正しい漢字を記せ。

(10) 2×5

1 香辛料を使った料理は、食欲不慎を解消させるものとして人気がある。（　）（　）
2 食品を急速冷凍すると細菌の繁嘱を防ぎ、新鮮な品質を保てる。（　）（　）
3 年功制を改正して、世代による負端の不公平感を解消する必要がある。（　）（　）
4 北極圏の盲烈な寒さで、露出した皮膚は凍傷にかかる。（　）（　）
5 新聞に道路の無謀な横断が招いた悲惨な事故の記事が掲採されていた。（　）（　）

（八）次の——線のカタカナを漢字一字と送りがな（ひらがな）に直せ。

(10) 2×5

〈例〉問題にコタエル。（答える）

6 因果関係はキハクだ。（　）
7 晴れのブタイに登場した。（　）
8 山積する難題にコンワクする。（　）
9 二人の言葉がムジュンする。（　）
10 両者にはアンモクの了解があった。（　）
11 仲直りに二人はアクシュした。（　）
12 シボウの取り過ぎは体によくない。（　）
13 故郷の母にキンキョウを知らせる。（　）
14 建造物がハカイされる。（　）
15 山海のチンミを楽しむ。（　）

(六) 次の——線のカタカナを漢字に直せ。 (20) 2×10

1 自然カン境を保護する。（　　）
2 容疑者をカン視する。（　　）
3 会議のト中で退室する。（　　）
4 外国へト航する。（　　）
5 文章の要シをまとめる。（　　）
6 くり返しシ激を与える。（　　）
7 勉強の合間にマン画を読む。（　　）
8 テストの点数を自マンする。（　　）
9 前例をフまえて話し合う。（　　）
10 フりそでで式に出席した。（　　）

1 イサマシイ行進曲で入場した。（　　）
2 仕事の不満をウッタエル。（　　）
3 川は生活廃水でヨゴレル一方だ。（　　）
4 中身がスケル包装紙だ。（　　）
5 問題の核心にセマル発言だ。（　　）

(九) 次の——線のカタカナを漢字に直せ。 (50) 2×25

1 チームの勝利にコウケンする。（　　）
2 候補者名をラレツする。（　　）
3 医者がオウシンに出かける。（　　）
4 袋をミップウする。（　　）
5 資料がサンイツする。（　　）

16 いたずらは弟のシワザに違いない。（　　）
17 森でカブトムシをツカまえてきた。（　　）
18 部屋のスミに荷物を置く。（　　）
19 いたずらをした弟をサトす。（　　）
20 果物をハコヅめにして送る。（　　）
21 結局はまだテサグりの状態だ。（　　）
22 私の不徳のイタすところです。（　　）
23 川のアサセで遊ぶ。（　　）
24 倉庫にネムっている器材を活用する。（　　）
25 家業はムスコが継いだ。（　　）

予想模擬テスト②

解答には、常用《じょうよう》漢字の旧《きゅう》字体や表外漢字および常用漢字音訓表以外の読みを使ってはいけない。

時間 60分

合格点 140/200

得点

（一）次の——線の漢字の読みをひらがなで記せ。 (30) 1×30

1 財政の窮乏を強く訴える。（　）
2 将来に禍根を残さない。（　）
3 役所に婚姻届を出す。（　）
4 政治が乱れ、世が退廃する。（　）
5 深海調査の潜航艇に搭乗する。（　）
6 表面の凹凸を磨いて取る。（　）
7 火災で消防士が殉職した。（　）
8 病状が漸次快方に向かう。（　）
9 市内循環バスで通学する。（　）
10 下痢を起こして寝込む。（　）
11 手術のため麻酔をする。（　）
12 貞淑な女性がドラマのヒロインだ。（　）
13 薬が効いて炎症が治まった。（　）

（二）次の漢字の部首を記せ。 (10) 1×10

〈例〉菜（艹）　間（門）

1 堕（　）
2 囚（　）
3 駄（　）
4 欧（　）
5 戻（　）
6 栽（　）
7 賓（　）
8 癒（　）
9 羅（　）
10 施（　）

（三）熟語の構成のしかたには次のようなものがある。 (20) 2×10

ア 同じような意味の漢字を重ねたもの （岩石）

（四）次の四字熟語について、問1と問2に答えよ。 (30)

問1 後の□内のひらがなを漢字にして1～10に入れ、四字熟語を完成せよ。□内のひらがなは一度だけ使うこと。 (20) 2×10

ア 深謀遠[1]（　）
イ [2]想天外（　）
ウ 好機[3]来（　）
エ 破顔一[4]（　）
オ 波[5]効果（　）
カ 公平無[6]（　）
キ 悪口[7]言（　）
ク 言行一[8]（　）
ケ 当意即[9]（　）
コ 粒粒辛[10]（　）

14 突風で塀が倒れた。（　　）
15 政治献金が問題になる。（　　）
16 飢餓にあえぐ人々がいる。（　　）
17 詳しい説明は割愛します。（　　）
18 遺族に弔慰金を手わたす。（　　）
19 租借地を返還する。（　　）
20 政党には派閥がある。（　　）
21 勘がさえわたる。（　　）
22 元の場所に本を戻す。（　　）
23 よく熟れて食べごろだ。（　　）
24 洞穴に入って遊ぶ。（　　）
25 船端で魚網を手繰る。（　　）
26 交渉は大枠で決着した。（　　）
27 殴られたあとが痛々しい。（　　）
28 大きな石を細かく砕く。（　　）
29 道路わきの溝にはまった。（　　）
30 乙女たちの歌声が聞こえてくる。（　　）

イ 反対または対応の意味を表す字を重ねたもの（高低）
ウ 上の字が下の字を修飾しているもの（洋画）
エ 下の字が上の字の目的語・補語になっているもの（着席）
オ 上の字が下の字の意味を打ち消しているもの（非常）

次の熟語は右のア～オのどれにあたるか、一つ選び、記号で記せ。

1 奔流（　　）
2 懸命（　　）
3 正邪（　　）
4 赴任（　　）
5 依頼（　　）
6 詐偽（　　）
7 不偏（　　）
8 挑戦（　　）
9 逓減（　　）
10 硬軟（　　）

き・きゅう・く・し・しょう
ぞう・ち・とう・みょう・りょ

問2 次の11～15の意味にあてはまるものを**問1**のア～コの四字熟語から一つ選び、記号で記せ。 (10) 2×5

11 機転をきかせて、その場に合った対応をすること。（　　）
12 だんだんと広がっていく、物事の影響。（　　）
13 感情や利害に左右されず、かたよりのないこと。（　　）
14 将来のことまで見通し、しっかりと考えて計画立てること。（　　）
15 大変なことや努力を積み上げること。（　　）

（五） 次の1～5の対義語、6～10の類義語を後の□の中から選び、漢字で記せ。□の中の語は一度だけ使うこと。 (20) 2×10

対義語

1 冗漫（　）
2 断念（　）
3 高尚（　）
4 特殊（　）
5 清浄（　）

類義語

6 措置（　）
7 対等（　）
8 路傍（　）
9 看過（　）
10 貢献（　）

いっぱん・おだく・かんけつ
きよ・ごかく・しゅうしん
しょり・ていぞく・みちばた
もくにん

（七） 次の各文にまちがって使われている同じ読みの漢字が一字ある。上に誤字を、下に正しい漢字を記せ。 (10) 2×5

1 廃棄される食品は、食べ残しよりも召味期限の過ぎたものが多い。（　）（　）
2 新年度の契約公改に臨んだが、現状維持の金額にとどまった。（　）（　）
3 シマウマの模様は明彩効果が大きく、遠方からは灰色一色に見えてしまう。（　）（　）
4 祖母は単念に小包のひもを解き、包装紙のしわを伸ばしていた。（　）（　）
5 自然の風や太陽光を取り込み、環境との共生を図った住宅が頒売された。（　）（　）

（八） 次の――線のカタカナを漢字一字と送りがな（ひらがな）に直せ。 (10) 2×5

〈例〉 問題にコタエル。（答える）

6 押しの一手で相手をコウリャクした。（　）
7 会議のボウトウにあいさつをする。（　）
8 借りていた本をヘンキャクする。（　）
9 優勝戦をジッキョウ放送する。（　）
10 読者にゲイゴウする作品だ。（　）
11 農地にリンセツした住宅だ。（　）
12 交通ソウオンは耐えがたい。（　）
13 野球界クッシの大投手だ。（　）
14 必勝をキガンして参拝する。（　）
15 来客をゲンカンでおむかえする。（　）

（六）次の——線のカタカナを漢字に直せ。(20) 2×10

1 誤りを指テキする。
2 窓に水テキがつく。
3 二つの絵の相イ点を探す。
4 イ大な人物と対面する。
5 主菜とフク菜を食べる。
6 道路のフク員が減少する。
7 空気が乾ソウする。
8 ラジコンをソウ作する。
9 人通りの少ない道をサける。
10 私事にサける時間がない。

1 長年のご恩にムクイル所存です。
2 運動でココロヨイ汗を流した。
3 栄えていた町がサビレル。
4 作業のナカバで休憩をとる。
5 名人のホマレが高い人だ。

（九）次の——線のカタカナを漢字に直せ。(50) 2×25

1 ニンタイカが試される。
2 ボウセキ会社で働く。
3 野球部のカントクになる。
4 現在の心情をジュッカイする。
5 シップウのごとく走る。

16 はしで豆をハサむ。
17 カニがアワを吹く。
18 とてもスみ切った青空だ。
19 タキギを拾いに山へ行く。
20 ツルギの舞を見にいく。
21 世間に対してカタミがせまい。
22 師匠についてシャミセンを習う。
23 石橋をたたいてワタる。
24 彼はとてもホガらかな性格だ。
25 寒気もやわらいでよいヒヨリだ。

予想模擬テスト ③

解答には、常用《じょうよう》漢字の旧《きゅう》字体や表外漢字および常用漢字音訓表以外の読みを使ってはいけない。

時間 60分
合格点 140/200
得点

(一) 次の――線の漢字の読みをひらがなで記せ。 (30) 1×30

1 現状を把握して対策を練る。（　　）
2 改善を求めて同盟罷業に入る。（　　）
3 全国大会の覇者となった。（　　）
4 なべの湯が沸騰している。（　　）
5 彼は自信過剰なところがある。（　　）
6 料理の素材を吟味する。（　　）
7 両国は均衡を保っている。（　　）
8 朝廷に恭順の意を表した。（　　）
9 告別式で哀悼の辞を述べた。（　　）
10 印象派の亜流にすぎない。（　　）
11 拷問されて口を割る。（　　）
12 外来語を網羅した辞典だ。（　　）
13 渓谷に雪が残っていた。（　　）

(二) 次の漢字の部首を記せ。 (10) 1×10

〈例〉菜（艹）　間（門）

1 矯（　　）
2 属（　　）
3 勲（　　）
4 缶（　　）
5 宜（　　）
6 丙（　　）
7 嚇（　　）
8 師（　　）
9 臭（　　）
10 瓶（　　）

(三) 熟語の構成のしかたには次のようなものがある。 (20) 2×10

ア 同じような意味の漢字を重ねたもの （岩石）

(四) 次の四字熟語について、問1と問2に答えよ。 (30)

問1 後の□内のひらがなを漢字にして1～10に入れ、四字熟語を完成せよ。□内のひらがなは一度だけ使うこと。 (20) 2×10

ア 円転滑[1]（　　）
イ 意味[2]長（　　）
ウ 一朝一[3]（　　）
エ 主[4]転倒（　　）
オ 一念[5]起（　　）
カ 公序良[6]（　　）
キ 千[7]一失（　　）
ク 意気消[8]（　　）
ケ 清廉[9]白（　　）
コ 抱[10]絶倒（　　）

14 国境で捕虜を解放する。（　）
15 大手企業の傘下に入る。（　）
16 忍耐強い子に育てる。（　）
17 自著を伯父に謹呈した。（　）
18 一面に棚田が広がる。（　）
19 雑誌を定期購読する。（　）
20 データの解析を進める。（　）
21 岩礁に乗り上げる。（　）
22 クイズに賞金が懸かった。（　）
23 臭いものにふたをする。（　）
24 事件に対する疑惑が渦巻く。（　）（　）
25 窓ガラスを磨く。（　）
26 マラソンの世界記録に挑む。（　）
27 先祖の霊を弔う。（　）（　）
28 怠惰な生活を悔い改める。（　）
29 さわやかな夕映えの秋空だ。（　）
30 最寄りの駅から歩いて五分です。（　）

イ　反対または対応の意味を表す字を重ねたもの（高低）
ウ　上の字が下の字を修飾しているもの（洋画）
エ　下の字が上の字の目的語・補語になっているもの（着席）
オ　上の字が下の字の意味を打ち消しているもの（非常）

次の熟語は右のア～オのどれにあたるか、一つ選び、記号で記せ。

1 廃刊（　）
2 未踏（　）
3 享受（　）
4 濫造（　）
5 需給（　）
6 廉価（　）
7 叙情（　）
8 妄想（　）
9 陥没（　）
10 多寡（　）

かく（きゃく）・けっ・しん
せき・ぞく・だつ・ちん・ふく
ほっ・りょ

問2 次の11～15の意味にあてはまるものを**問1**のア～コの四字熟語から一つ選び、記号で記せ。(10) 2×5

11 物事の大切さや順番などが逆になること。（　）
12 物事を、角を立てずにとりしきるさま。（　）
13 どのような賢い人にも少しは誤りがあること。（　）
14 わずかな期間。（　）
15 心や行動に、私欲や不正などがまったくないさま。（　）

（五）次の1〜5の対義語、6〜10の類義語を後の□の中から選び、漢字で記せ。□の中の語は一度だけ使うこと。

(20)
2×10

対義語

1 削除（　）
2 介入（　）
3 浄化（　）
4 希釈（　）
5 凝集（　）

類義語

6 提案（　）
7 敗走（　）
8 突飛（　）
9 蛇足（　）
10 手本（　）

おせん・かくさん・きばつ
たいきゃく・てんか
のうしゅく・はつぎ
ぼうかん・もはん・よけい

（七）次の各文にまちがって使われている同じ読みの漢字が一字ある。上に誤字を、下に正しい漢字を記せ。

(10)
2×5

1 洪水被害を調査し、台風襲来に備えて堤防や橋脚を点検し補収する。（　）（　）

2 茶の湯文化の普給で、緑茶は日本人に最もなじみのある飲み物となった。（　）（　）

3 塩分と脂剖の取り過ぎは、高血圧症など生活習慣病の原因となる。（　）（　）

4 繁華街を外れた閑清な一角に、故人が足しげく通った料亭がある。（　）（　）

5 緊急事態に備え、警備室に係員が常に積めることになった。（　）（　）

（八）次の——線のカタカナを漢字一字と送りがな（ひらがな）に直せ。

(10)
2×5

〈例〉問題にコタエル。（答える）

6 自然から受けるオンケイは大きい。（　）
7 連日仕事にボウサツされている。（　）
8 イセイよく祭りの御《み》こしをかつぐ。（　）
9 武力衝突はカイヒされた。（　）
10 新商品をハンバイする。（　）
11 被害者のエンゴに立ち上がる。（　）
12 優勝してシュクハイを上げる。（　）
13 論理がヒヤクして分かりにくい。（　）
14 富士のタンレイな山容を仰いだ。（　）
15 新進女優がキャッコウを浴びている。（　）

(六) 次の――線のカタカナを漢字に直せ。(20) 2×10

1 相手のイ表をつく。（　）
2 イ政者は誠実であるべきだ。（　）
3 通行人に接ショクする。（　）
4 ツリーを装ショクする。（　）
5 ヨーロッパへ遠セイする。（　）
6 市場をセイ覇する。（　）
7 国会をショウ集する。（　）
8 両親にショウ介する。（　）
9 ボタンをオす。（　）
10 友人を部長にオす。（　）

1 彼はツツシミ深い性格だ。（　）
2 賛成意見が大半をシメル。（　）
3 上司をケムタク感じているようだ。（　）
4 大自然にフレル機会を多くしよう。（　）
5 天からサズカッた命を大切にする。（　）

(九) 次の――線のカタカナを漢字に直せ。(50) 2×25

1 あちこちに家がヘンザイする。（　）
2 可能性をシサする。（　）
3 美しいセンリツに聴きほれる。（　）
4 この自画像はケッサクだ。（　）
5 ゲンシュクな態度を取る。（　）

16 ライオンがエモノをねらっている。（　）
17 ひな祭りにモモの花が映える。（　）
18 我が家の飼い猫はメスだ。（　）
19 きちんとスワって手紙を書く。（　）
20 近くオオヤケにされます。（　）
21 町の交番で道をタズねた。（　）
22 新しい橋の渡りゾめがあった。（　）
23 流行語がスタれる。（　）
24 敵とヤイバを交える。（　）
25 正月はイナカでゆっくりしたい。（　）

予想模擬テスト ④

解答には、常用《じょうよう》漢字の旧《きゅう》字体や表外漢字および常用漢字音訓表以外の読みを使ってはいけない。

時間 60分
合格点 140/200
得点

(一) 次の――線の漢字の読みをひらがなで記せ。 (30) 1×30

1 組織の枢要な地位についた。（　　）
2 服装は時代と共に変遷する。（　　）（　　）
3 優勝賜杯を手にした。（　　）
4 十分前に予鈴が鳴った。（　　）
5 祖父は寡黙な人だった。（　　）
6 この話は内緒にしておく。（　　）
7 寛大な計らいに感謝する。（　　）
8 著名な画伯の個展を見た。（　　）
9 漢詩を朗々と吟詠した。（　　）
10 証言で窃盗の疑いが晴れた。（　　）（　　）
11 情状酌量の余地がない。（　　）
12 忘我の境地に至る。（　　）
13 辺りに臭気が漂っていた。（　　）
14 空き瓶を回収に出した。（　　）

(二) 次の漢字の部首を記せ。 (10) 1×10

〈例〉菜（艹）　間（門）

1 充（　　）
2 釈（　　）
3 虚（　　）
4 竜（　　）
5 升（　　）
6 趣（　　）
7 戯（　　）
8 既（　　）
9 頒（　　）
10 具（　　）

(三) 熟語の構成のしかたには次のようなものがある。 (20) 2×10

ア 同じような意味の漢字を重ねたもの（岩石）

(四) 次の四字熟語について、問1と問2に答えよ。 (30)

問1 後の□内のひらがなを漢字にして1～10に入れ、四字熟語を完成せよ。□内のひらがなは一度だけ使うこと。 (20) 2×10

ア 前[1]洋洋（　　）
イ 危機一[2]（　　）
ウ [3]名返上（　　）
エ 時節[4]来（　　）
オ 日[5]月歩（　　）
カ 徹頭徹[6]（　　）
キ 衆人[7]視（　　）
ク 青天[8]日（　　）
ケ 表[9]一体（　　）
コ 一[10]両得（　　）

15 渇水期でダムの水位が下がった。（　　）
16 荷物を粗略に扱って注意された。（　　）
17 当初の方針を貫徹する。（　　）
18 エビは甲殻類に属する。（　　）
19 廊下の角で鉢合わせした。（　　）
20 よく繁盛している商店街だ。（　　）
21 河口に三角州が形成される。（　　）
22 会社の寮は賄い付きだ。（　　）
23 宇宙時代の扉を開く。（　　）
24 蚕の繭から生糸をつむぐ。（　　）
25 魚の腐った臭いがする。（　　）
26 殿様に長年仕える。（　　）
27 父の喪に服す。（　　）
28 和服に足袋は欠かせない。（　　）
29 決して浮ついた考えではない。（　　）
30 叔父さんに手紙を書いた。（　　）

イ 反対または対応の意味を表す字を重ねたもの（高低）
ウ 上の字が下の字を修飾しているもの（洋画）
エ 下の字が上の字の目的語・補語になっているもの（着席）
オ 上の字が下の字の意味を打ち消しているもの（非常）

次の熟語は右のア〜オのどれにあたるか、一つ選び、記号で記せ。

1 屈伸（　　）
2 匿名（　　）
3 把握（　　）
4 未遂（　　）
5 暴騰（　　）
6 真偽（　　）
7 愉悦（　　）
8 惜別（　　）
9 頻出（　　）
10 合掌（　　）

お・かん・きょ・しん・と
とう・はく・ぱつ・び・り

問2 次の11〜15の意味にあてはまるものを問1のア〜コの四字熟語から一つ選び、記号で記せ。 (10) 2×5

11 絶えず進歩すること。（　　）
12 先行きが明るく、希望に満ちているさま。（　　）
13 心にまったく後ろ暗いところのないこと。（　　）
14 はじめから終わりまで。（　　）
15 新たな成果を残すことで、落ちた評価を取り戻すこと。（　　）

（五）次の1〜5の対義語、6〜10の類義語を後の□の中から選び、漢字で記せ。□の中の語は一度だけ使うこと。 (20) 2×10

対義語

1 湿潤（　）
2 服従（　）
3 隆起（　）
4 高騰（　）
5 卑下（　）

類義語

6 倫理（　）
7 間隔（　）
8 哀訴（　）
9 駆逐（　）
10 逝去（　）

えいみん・かんそう・きょり
げらく・じまん・たんがん
ちんか・ついほう・どうとく
はんこう

（七）次の各文にまちがって使われている同じ読みの漢字が一字ある。上に誤字を、下に正しい漢字を記せ。 (10) 2×5

1 高齢者が昔を回想して言葉にすることで、頭の活性化を促伸する方法がある。（　）（　）
2 道路の拡幅工事により、懸案になっていた慢性的な渋滞が快消した。（　）（　）
3 長い人生を快適に過ごすために、病気は治料より予防が大切だ。（　）（　）
4 展示された多様な作品の中で、とりわけ異才を放っている風景画だ。（　）（　）
5 言葉は、映像では伝達が難しい論理性や意味性を供えている。（　）（　）

（八）次の――線のカタカナを漢字一字と送りがな（ひらがな）に直せ。 (10) 2×5

〈例〉問題にコタエル。（答える）

6 政治家をツウレツに批判する。（　）
7 心臓のコドウが聞こえる。（　）
8 自らモハンを示すことが大事だ。（　）
9 何者かが侵入したケイセキがある。（　）
10 水と油はブンリする。（　）
11 犯人の逮捕にビンワンを振るう。（　）
12 ダンリョク的に考えた方がよい。（　）
13 卒業式でカイキン賞をもらった。（　）
14 禁止のジョウコウにふれる行為だ。（　）
15 文章のロンシに一貫性を欠く。（　）

(六) 次の――線のカタカナを漢字に直せ。 (20) 2×10

1 タン念に確認する。（　　）
2 タン泊な味の料理。（　　）
3 野球の試合を実キョウ中継する。（　　）
4 おばけ屋敷で絶キョウする。（　　）
5 雑誌に掲サイされる。（　　）
6 事件のサイ判が行われる。（　　）
7 取捨選択に苦ノウする。（　　）
8 優れた頭ノウを持っている。（　　）
9 名声は今に至ってもクちない。（　　）
10 出発の日をクり延べる。（　　）

1 スコヤカニお過ごしください。（　　）
2 休日はモッパラ山歩きをする。（　　）
3 良心にハジル気配もない。（　　）
4 選択の自由をセバメル。（　　）
5 今日はオソロシイ夢を見た。（　　）

(九) 次の――線のカタカナを漢字に直せ。 (50) 2×25

1 他社の商品にコクジする。（　　）
2 勝利にコウケンする。（　　）
3 ポイントがルイセキする。（　　）
4 これはシュギョクの一品だ。（　　）
5 バイシン制度について検討する。（　　）

16 若くして重役のポストにツいた。（　　）
17 在庫品がデハラってしまった。（　　）
18 悲しげに顔をクモらせる。（　　）
19 因習のクサリを断ち切る。（　　）
20 昨年の優勝者にイドむ。（　　）
21 相手の顔にドロを塗る。（　　）
22 参道の玉ジャリを踏みしめる。（　　）
23 景気に少しカゲりが出てきた。（　　）
24 ブリのニモノを頂いた。（　　）
25 卒業生のカドデを祝う。（　　）

予想模擬テスト 5

解答には、常用《じょうよう》漢字の旧《きゅう》字体や表外漢字および常用漢字音訓表以外の読みを使ってはいけない。

時間 60分

合格点 140/200

得点

（一） 次の――線の漢字の読みをひらがなで記せ。 (30) 1×30

1 彼は法曹界に必要な人だ。（　　）
2 心の琴線に触れる話だった。（　　）
3 知人から軽侮の目で見られた。（　　）
4 干天の慈雨を喜ぶ。（　　）
5 儒学は中国より渡来した。（　　）
6 処分の撤回を求める。（　　）
7 改革への機運が醸成される。（　　）
8 議会は民主政治の中枢だ。（　　）
9 盤面は碁石でほぼ埋まった。（　　）
10 堕落した生活を清算した。（　　）
11 事故の責任を糾明すべきだ。（　　）
12 岸辺に立ち悠久の大河を望む。（　　）

（二） 次の漢字の部首を記せ。 (10) 1×10

〈例〉 菜（艹）　間（門）

1 彰（　　）
2 窮（　　）
3 斉（　　）
4 軟（　　）
5 傘（　　）
6 蛍（　　）
7 賄（　　）
8 焦（　　）
9 雌（　　）
10 匠（　　）

（三） 熟語の構成のしかたには次のようなものがある。 (20) 2×10

ア 同じような意味の漢字を重ねたもの（岩石）

（四） 次の四字熟語について、問1と問2に答えよ。 (30)

問1 後の□内のひらがなを漢字にして1～10に入れ、四字熟語を完成せよ。□内のひらがなは一度だけ使うこと。 (20) 2×10

ア 物情1然（　　）
イ 2先垂範（　　）
ウ 外3内剛（　　）
エ 百4夜行（　　）
オ 五里5中（　　）
カ 故事来6（　　）
キ 7衣飽食（　　）
ク 多岐8羊（　　）
ケ 満場一9（　　）
コ 10風堂堂（　　）

13 幼児の誘拐事件が起きた。（　　）
14 実費で商品を頒布する。（　　）
15 会長の候補に推薦された。（　　）
16 まれに見る傑作だ。（　　）
17 交差点で事故が頻発する。（　　）
18 はれ上がった患部を冷やす。（　　）
19 洪水で田畑が流された。（　　）
20 あの方とは懇意にしている。（　　）
21 今年、初めての霜がおりた。（　　）
22 拙い私ではございますが。（　　）
23 転んで泥だらけになった。（　　）
24 友人が一肌脱いでくれた。（　　）
25 庭に蚊柱が立つ。（　　）
26 足に藻がからみついた。（　　）
27 美しい風景に心が和む。（　　）
28 名人の誉れが高い。（　　）
29 襟を正して訓辞を聞く。（　　）
30 赤い鼻緒の草履を買った。（　　）

イ 反対または対応の意味を表す字を重ねたもの（高低）
ウ 上の字が下の字を修飾しているもの（洋画）
エ 下の字が上の字の目的語・補語になっているもの（着席）
オ 上の字が下の字の意味を打ち消しているもの（非常）

次の熟語は右のア～オのどれにあたるか、一つ選び、記号で記せ。

1 推奨（　　）
2 頻繁（　　）
3 不詳（　　）
4 出没（　　）
5 暗礁（　　）
6 上棟（　　）
7 巧拙（　　）
8 争覇（　　）
9 窮状（　　）
10 研磨（　　）

い・き・じゅう・そう・そっ
だん・ち・ぼう・む・れき

問2 次の11～15の意味にあてはまるものを**問1**のア～コの四字熟語から一つ選び、記号で記せ。 (10) 2×5

11 物事の手がかりがなく、迷うこと。（　　）
12 得体の知れない者たちがのさばりはびこること。（　　）
13 方針がたくさんありすぎて、どれを選べばよいか迷うことのたとえ。（　　）
14 物質的に、じゅうぶん恵まれた生活。（　　）
15 見た目は穏やかそうに見えるが、強い意志をもっていること。（　　）

（五）次の1～5の対義語、6～10の類義語を後の□の中から選び、漢字で記せ。□の中の語は一度だけ使うこと。 (20) 2×10

対義語

1 疎遠（　　）
2 怠惰（　　）
3 合併（　　）
4 傑物（　　）
5 鈍重（　　）

類義語

6 発祥（　　）
7 披露（　　）
8 落胆（　　）
9 極意（　　）
10 罷免（　　）

かいにん・きげん・きびん
きんべん・こうひょう・しつい
しんきん・ひでん・ぶんり
ぼんじん

（七）次の各文にまちがって使われている同じ読みの漢字が一字ある。上に誤字を、下に正しい漢字を記せ。 (10) 2×5

1 自転車は健康的且つ経済的な移動手段だが、乗り方次第で脅器ともなる。（　　）（　　）
2 市場における商品の価格は、受要と供給との均衡によって決定される。（　　）（　　）
3 部の創設から初の県大会決勝進出に、村を上げて応援にくり出した。（　　）（　　）
4 日本では少子化に伴って小学校の児童数も漸減の掲向にある。（　　）（　　）
5 日本は戦後、ユネスコ加命で国際社会復帰の第一歩をふみ出した。（　　）（　　）

（八）次の――線のカタカナを漢字一字と送りがな（ひらがな）に直せ。 (10) 2×5

〈例〉問題にコタエル。（答える）

6 優しくてニュウワな顔付きだ。（　　）
7 最後までケントウしたが敗退した。（　　）
8 古美術品をカンテイに出す。（　　）
9 外国に使節をハケンする。（　　）
10 将来に対するホウフを述べた。（　　）
11 スンカを惜しんで練習に励む。（　　）
12 ロウキュウ化した校舎を建て直す。（　　）
13 要人の訪問でケイカイが厳しくなる。（　　）
14 木の葉がビフウでゆれた。（　　）
15 インターネットがフキュウする。（　　）

（六）次の――線のカタカナを漢字に直せ。(20) 2×10

1 優シュウな生徒を表彰する。（　）
2 シュウ到に準備する。（　）
3 ガン蓄のある言葉を残す。（　）
4 悲ガンを達成する。（　）
5 相手の技量に脱ボウする。（　）
6 物語のボウ頭に伏線がある。（　）
7 建物がエン上する。（　）
8 音楽会を開エンする。（　）
9 夜の十一時には寝床にツく。（　）
10 今週の予定は全てツまっている。（　）

1 私腹をコヤス悪い人もいる。（　）
2 話の種がツキル。（　）
3 流星がナナメに夜空を横切った。（　）
4 参加をシイルのはよくない。（　）
5 マッタク話にならない。（　）

（九）次の――線のカタカナを漢字に直せ。(50) 2×25

1 新しい店はレンカ販売で有名だ。（　）
2 行動の理由をドウサツする。（　）
3 一覧表からマッショウする。（　）
4 これは大根のツケモノだ。（　）
5 他国の問題にカンショウする。（　）

16 在庫はあとイクつ残っていますか。（　）
17 ノキサキで野菜を売っている。（　）
18 料理のウデマエを競う。（　）
19 疲れた母のカタをもむ。（　）
20 姉は焼きイモが大好物だ。（　）
21 甘い言葉で相手をツる。（　）
22 他界した恩師をトムラう。（　）
23 試合はオモシロい展開になった。（　）
24 故人の遺志を受けツぐ。（　）
25 ここは開かずのフミキリだ。（　）

予想模擬テスト ⑥

解答には、常用《じょうよう》漢字の旧《きゅう》字体や表外漢字および常用漢字音訓表以外の読みを使ってはいけない。

時間 60分　合格点 140/200　得点

（一）次の——線の漢字の読みをひらがなで記せ。 (30) 1×30

1 敵に銃口を向ける。（　）
2 部屋で妄想にふける。（　）
3 竜神を祭って雨ごいをする。（　）
4 意思の疎通を図る。（　）
5 酷暑により体調を崩す。（　）
6 著者に原稿を督促する。（　）
7 修行のため諸国を遍歴する。（　）
8 銃から硝煙が上がった。（　）
9 お米を一升ますで量る。（　）
10 蛍光塗料を使用している。（　）
11 実験でカエルを解剖する。（　）
12 放送劇に擬音を使う。（　）
13 相手方の挑発に乗らない。（　）

（二）次の漢字の部首を記せ。 (10) 1×10

〈例〉菜（艹）　間（門）

1 喪（　）
2 享（　）
3 翁（　）
4 靴（　）
5 叙（　）
6 璽（　）
7 尉（　）
8 貢（　）
9 恭（　）
10 遵（　）

（三）熟語の構成のしかたには次のようなものがある。 (20) 2×10

ア 同じような意味の漢字を重ねたもの　（岩石）

（四）次の四字熟語について、問1と問2に答えよ。 (30)

問1 後の□内のひらがなを漢字にして1～10に入れ、四字熟語を完成せよ。□内のひらがなは一度だけ使うこと。 (20) 2×10

ア 暗雲低[1]（　）
イ 一[2]打尽（　）
ウ 青息[3]息（　）
エ 力戦奮[4]（　）
オ 文[5]両道（　）
カ 愛別[6]苦（　）
キ [7]善懲悪（　）
ク 夏炉冬[8]（　）
ケ 不[9]不休（　）
コ 昼夜[10]行（　）

14 大きな邸宅を構えている。（　　）
15 学習塾の講師をしている。（　　）
16 手伝いで駄賃をもらった。（　　）
17 日本海溝の調査が行われる。（　　）
18 大型船舶の出入りが多い。（　　）
19 病気の平癒を祈願した。（　　）
20 贈賄の罪で逮捕される。（　　）
21 一斉に鳥が飛び立った。（　　）
22 偽りの証言をしてはいけない。（　　）
23 貴重な時間を割いてもらう。（　　）
24 この辺りは土が軟らかい。（　　）
25 杉並木の参道を行く。（　　）
26 寝ぼけ眼で電話に出た。（　　）
27 心の隅に思い出をしまう。（　　）
28 鋼を鍛えて刀剣を作る。（　　）
29 文章に但し書きがある。（　　）
30 締め切りに辛うじて間に合った。（　　）

イ 反対または対応の意味を表す字を重ねたもの（高低）
ウ 上の字が下の字を修飾しているもの（洋画）
エ 下の字が上の字の目的語・補語になっているもの（着席）
オ 上の字が下の字の意味を打ち消しているもの（非常）

次の熟語は右のア～オのどれにあたるか、一つ選び、記号で記せ。

1 献金（　　）
2 余剰（　　）
3 撤兵（　　）
4 不肖（　　）
5 煮沸（　　）
6 独酌（　　）
7 慶弔（　　）
8 逸話（　　）
9 安寧（　　）
10 授受（　　）

かん・けん・せん・と・とう
ぶ・みん・めい・もう・り

問2 次の11～15の意味にあてはまるものを**問1**のア～コの四字熟語から一つ選び、記号で記せ。 (10) 2×5

11 悪党をひとまとめに捕らえてしまうこと。（　　）
12 役立たないものや無用なもののたとえ。（　　）
13 先行きの不安な状態が続くこと。（　　）
14 非常に苦しみ困っている状態。（　　）
15 勉強にもスポーツにもすぐれていること。（　　）

（五）次の1～5の対義語、6～10の類義語を後の□の中から選び、漢字で記せ。□の中の語は一度だけ使うこと。 (20) 2×10

対義語

1 享楽（　　）
2 閑散（　　）
3 粗雑（　　）
4 煩雑（　　）
5 購入（　　）

類義語

6 没頭（　　）
7 受諾（　　）
8 遺憾（　　）
9 抵当（　　）
10 収支（　　）

かんりゃく・きんよく
ざんねん・しょうち・すいとう
せんねん・たんぽ・ばいきゃく
はんぼう・めんみつ

（七）次の各文にまちがって使われている同じ読みの漢字が一字ある。上に誤字を、下に正しい漢字を記せ。 (10) 2×5

1 盗難に遭った時価数億円の名画は、以然として行方不明である。（　）（　）
2 各国の一流登山家で編成された合同隊は、ついに未踏峰を征伏した。（　）（　）
3 勤勉な日本人も最近は余課を楽しみ、休日の過ごし方も多様になった。（　）（　）
4 脱税した企業に課せられた追超金の総額は膨大なものとなっている。（　）（　）
5 乳酸菌の中には体の免疫力や抵攻力を高める働きを持つものがある。（　）（　）

（八）次の――線のカタカナを漢字一字と送りがな（ひらがな）に直せ。 (10) 2×5

〈例〉問題にコタエル。（答える）

6 新聞のレンサイ小説を読む。（　）
7 ゴウカイな笑い方をする人だ。（　）
8 待遇の格差をゼセイする。（　）
9 上司のシンライにこたえる。（　）
10 理論的なコンキョを求める。（　）
11 合格を祝してカンパイする。（　）
12 展示作品を会場にハンニュウした。（　）
13 研究論文のシッピツに取りかかる。（　）
14 対戦はジョバンから荒れ模様だ。（　）
15 転んだヒョウシに靴が脱げた。（　）

（六）次の――線のカタカナを漢字に直せ。 (20) 2×10

1 不キュウの名作といわれる映画だ。（　）
2 余罪を厳しく追キュウする。（　）
3 生半可な妥キョウは許されない。（　）
4 価格がキョウ乱する。（　）
5 十人分の能力にヒッ敵する。（　）
6 手紙のヒッ跡に見覚えがある。（　）
7 優レツをつける。（　）
8 鮮レツな印象を残す。（　）
9 山を歩いてコえる。（　）
10 土がよくコえる。（　）

1 鐘の音がヒビキ渡る。（　）
2 事件のクワシイ内容を伝える。（　）
3 人の話に耳をカタムケル。（　）
4 完工まで十年をツイヤシた。（　）
5 気をクサラスような事を言うな。（　）

（九）次の――線のカタカナを漢字に直せ。 (50) 2×25

1 高速道路がジュウタイする。（　）
2 ザンニンな行動を取る。（　）
3 マサツにより熱が生じる。（　）
4 一つの部署をカンカツする。（　）
5 店内で財布をフンシツする。（　）

16 真価がタメされる時がきた。（　）
17 髪を短くカり上げた。（　）
18 洪水で道路までミズビタしだ。（　）
19 語気スルドく迫った。（　）
20 同じ間違いをクり返すな。（　）
21 アルバイトをして金をカセぐ。（　）
22 無茶な要求にイキドオる。（　）
23 小舟でオキづりに出ていった。（　）
24 裏山は樹木がシゲっている。（　）
25 たくましいワコウドに成長した。（　）

予想模擬テスト ⑦

解答には、常用《じょうよう》漢字の旧《きゅう》字体や表外漢字および常用漢字音訓表以外の読みを使ってはいけない。

時間 60分

合格点 140/200

得点

（一） 次の――線の漢字の読みをひらがなで記せ。 (30) 1×30

1 患部を洗浄して手当てする。（　　）
2 剛直な性格の男である。（　　）
3 両国間の摩擦は解消した。（　　）
4 相手に向けて威嚇射撃をする。（　　）
5 落ち着いた雰囲気の店だ。（　　）
6 早朝から座禅を組む。（　　）
7 物価の高騰を抑える。（　　）
8 かつては犬猿の仲だった。（　　）
9 自分の考えを実践する。（　　）
10 朕とは天皇の自称だ。（　　）
11 ビーカーに酢酸を入れる。（　　）
12 しみじみと往時を述懐した。（　　）
13 新内閣の閣僚になる。（　　）
14 兄は高校の教諭だ。（　　）

（二） 次の漢字の部首を記せ。 (10) 1×10

〈例〉 菜（艹）　間（門）

1 煩（　　）
2 更（　　）
3 顧（　　）
4 爵（　　）
5 衡（　　）
6 磨（　　）
7 競（　　）
8 我（　　）
9 褒（　　）
10 剖（　　）

（三） 熟語の構成のしかたには次のようなものがある。 (20) 2×10

ア 同じような意味の漢字を重ねたもの （岩石）

（四） 次の四字熟語について、問1と問2に答えよ。 (30)

問1 後の□内のひらがなを漢字にして1～10に入れ、四字熟語を完成せよ。□内のひらがなは一度だけ使うこと。 (20) 2×10

ア 有[1]転変（　　）
イ 暗中[2]索（　　）
ウ 一知[3]解（　　）
エ 大胆不[4]（　　）
オ 比[5]連理（　　）
カ 東奔西[6]（　　）
キ 鶏口[7]後（　　）
ク 呉越同[8]（　　）
ケ 疑心暗[9]（　　）
コ 一[10]即発（　　）

15 消毒剤で殺菌する。（　）
16 紛争をうまく収拾した。（　）
17 経験に立脚した意見だ。（　）
18 融通のきかない野暮な人だ。（　）
19 交通渋滞で遅刻した。（　）
20 福祉施設の整備を拡充する。（　）
21 恥を忍んで弟に聞く。（　）
22 清濁併せのむ大人物だ。（　）
23 内情が筒抜けになっている。（　）
24 相手の動きを偵察する。（　）
25 局地的に竜巻が発生した。（　）
26 問題は棚上げのままだ。（　）
27 祖父は安らかに逝った。（　）
28 パンを石の窯で焼く。（　）
29 最近は専ら育児に明け暮れている。（　）
30 大和地方は現在の奈良県に当たる。（　）

イ 反対または対応の意味を表す字を重ねたもの（高低）
ウ 上の字が下の字を修飾しているもの（洋画）
エ 下の字が上の字の目的語・補語になっているもの（着席）
オ 上の字が下の字の意味を打ち消しているもの（非常）

次の熟語は右のア～オのどれにあたるか、一つ選び、記号で記せ。

1 添削（　）
2 懇請（　）
3 船舶（　）
4 無銘（　）
5 収賄（　）
6 楽譜（　）
7 去就（　）
8 偽装（　）
9 宣誓（　）
10 到着（　）

い・き・ぎゅう・しゅう
しょく・そう・てき・はん・も
よく

問2 次の11～15の意味にあてはまるものを**問1**のア～コの四字熟語から一つ選び、記号で記せ。 (10) 2×5

11 大きな組織の末端にいるより、小さな組織でも頂点に立つのがよいということ。（　）
12 男女の仲が非常にむつまじいことのたとえ。（　）
13 手がかりがないままで探すこと。（　）
14 非常に緊迫した状態。（　）
15 この世のものはすべて移りゆくということ。（　）

(五) 次の1～5の対義語、6～10の類義語を後の□の中から選び、漢字で記せ。□の中の語は一度だけ使うこと。 (20) 2×10

対義語

1 諮問（　　）
2 開放（　　）
3 遠方（　　）
4 逃走（　　）
5 衰微（　　）

類義語

6 大胆（　　）
7 反撃（　　）
8 核心（　　）
9 窮地（　　）
10 不穏（　　）

きき・ぎゃくしゅう・きんりん
けんあく・ごうほう・こんかん
ついせき・とうしん・はんえい
へいさ

(七) 次の各文にまちがって使われている同じ読みの漢字が一字ある。上に誤字を、下に正しい漢字を記せ。 (10) 2×5

1 燃料や化学製品の原料である石油の埋造量は、決して無限ではない。（　）（　）
2 欧州旅行で、かつての国王の権力を象徴するような壮礼な城を見学した。（　）（　）
3 クラブ活動で協調性、責任感、忍対力、集中力を身につける。（　）（　）
4 敏腕で成らした記者の強引な取材に温厚な市長も怒声を発した。（　）（　）
5 トラブルが起きた際の証固資料となる契約書や領収書は大切に保管する。（　）（　）

(八) 次の――線のカタカナを漢字一字と送りがな(ひらがな)に直せ。 (10) 2×5

〈例〉問題にコタエル。（答える）

6 一躍首位にフジョウした。（　　）
7 シンミョウな態度で話に聞き入る。（　　）
8 会場はチンモクに包まれた。（　　）
9 当初からムジュンをはらんでいた。（　　）
10 犯人に向かってトッシンした。（　　）
11 購入した家具をゲップで支払う。（　　）
12 雷鳴が夜のセイジャクを破った。（　　）
13 人権侵害のかどでテイソする。（　　）
14 地下街でハッポウ事件があった。（　　）
15 モンキリ型のあいさつで始まった。（　　）

(六) 次の――線のカタカナを漢字に直せ。 (20) 2×10

1 活字ばなれにハク車がかかる。
2 漂ハクの歌人として有名だ。
3 地盤がチン下する。
4 チン奇な話を耳にする。
5 動詞は語ビが活用する。
6 有終のビを飾る。
7 一番手とのキョ離を保つ。
8 キョ大な建造物を残す。
9 タカが獲物をトらえる。
10 心をトぎ澄まして筆を執る。

1 荷物をひもでユワエル。
2 馬に乗って草原をカケル。
3 最近はナゲカワシイ風潮が目立つ。
4 お話はウケタマワッております。
5 エラブラない態度の人だ。

(九) 次の――線のカタカナを漢字に直せ。 (50) 2×25

1 転んでダボクする。
2 ミスをチンシャする。
3 ケイコウ色のペンを使う。
4 成分をカイセキする。
5 薬物によるヘイガイを除去する。

16 服をヌいでハンガーにかける。
17 気が高ぶって声がフルえた。
18 自然のオモムキを生かす。
19 苦しい状況にオチイる。
20 秋の夕方はスズしい。
21 森に入ってカりをする。
22 なだらかなオカを越えて道が続く。
23 客間のシキモノを新調した。
24 濃いムラサキの色が好きだ。
25 当選してエガオが戻った。

予想模擬テスト 8

解答には、常用《じょうよう》漢字の旧《きゅう》字体や表外漢字および常用漢字音訓表以外の読みを使ってはいけない。

時間 60分

合格点 140/200

得点

（一） 次の――線の漢字の読みをひらがなで記せ。 (30) 1×30

1 綱紀粛正を図る。（　　）
2 当地の特産物を推奨する。（　　）
3 大学に病院を併設する。（　　）
4 物語の伏線がはられている。（　　）
5 祖母は幸福な生涯を送った。（　　）
6 よい天気なので洗濯する。（　　）
7 漆黒のやみが広がる。（　　）
8 妹は珠算一級の腕前だ。（　　）
9 国の役人は本来公僕である。（　　）
10 行方不明者を捜索する。（　　）
11 夏休みは別荘で過ごす。（　　）
12 引用文を括弧でくくる。（　　）
13 返信用の封筒を入れる。（　　）
14 昆布でだしをとる。（　　）
15 業績を上げて加俸された。（　　）

（二） 次の漢字の部首を記せ。 (10) 1×10

〈例〉菜（艹）　間（門）

1 逝（　　）
2 韻（　　）
3 鬼（　　）
4 虞（　　）
5 邸（　　）
6 索（　　）
7 鶏（　　）
8 克（　　）
9 豪（　　）
10 益（　　）

（三） 熟語の構成のしかたには次のようなものがある。 (20) 2×10

ア 同じような意味の漢字を重ねたもの　（岩石）

（四） 次の四字熟語について、問1と問2に答えよ。 (30)

問1 後の□内のひらがなを漢字にして1～10に入れ、四字熟語を完成せよ。□内のひらがなは一度だけ使うこと。 (20) 2×10

ア [1]喜乱舞（　　）
イ 換骨奪[2]（　　）
ウ 喜[3]哀楽（　　）
エ 波乱万[4]（　　）
オ 浅学[5]才（　　）
カ 自[6]自棄（　　）
キ 悪戦苦[7]（　　）
ク 山[8]水明（　　）
ケ 複雑怪[9]（　　）
コ [10]幻自在（　　）

16 情味ある言葉に感泣した。（　）

17 家元の嫡男として生まれた。（　）

18 会議は空疎な議論に終始した。（　）

19 寝不足で目が充血している。（　）

20 患者は外科病棟に入院した。（　）

21 廊下の側に消火栓を設置する。（　）

22 資産の総額を大雑把に計算する。（　）

23 建坪の大きな家を建てた。（　）

24 かかとに靴擦れができた。（　）

25 西の空に宵の明星が輝く。（　）

26 健康で且つ楽しい生活を送る。（　）

27 お言葉を賜ります。（　）

28 再会を誓って別れた。（　）

29 公園の八重桜が満開だ。（　）

30 郵便為替を現金に換える。（　）

イ 反対または対応の意味を表す字を重ねたもの（高低）

ウ 上の字が下の字を修飾しているもの（洋画）

エ 下の字が上の字の目的語・補語になっているもの（着席）

オ 上の字が下の字の意味を打ち消しているもの（非常）

次の熟語は右のア～オのどれにあたるか、一つ選び、記号で記せ。

1 閑静（　）

2 浄財（　）

3 乾杯（　）

4 往還（　）

5 無粋（　）

6 消臭（　）

7 銘菓（　）

8 渉外（　）

9 盛衰（　）

10 帰還（　）

き・きょう・し・じょう・たい

ど・とう・ひ・へん・ぼう

問2 次の11～15の意味にあてはまるものを問1のア～コの四字熟語から一つ選び、記号で記せ。 (10) 2×5

11 事情が込み入っていてわかりにくく、不思議なこと。（　）

12 古い詩文の語句などを変えて自分の着想のようにすること。（　）

13 やけくそになり、将来を考えない行動を取ること。（　）

14 自然の景色が美しいこと。（　）

15 物事のうつりかわりが非常に激しく劇的であること。（　）

（五）次の1〜5の対義語、6〜10の類義語を後の□の中から選び、漢字で記せ。□の中の語は一度だけ使うこと。 (20) 2×10

対義語

1 概要（　）
2 荘重（　）
3 裕福（　）
4 古豪（　）
5 干渉（　）

類義語

6 根底（　）
7 忍耐（　）
8 円熟（　）
9 偽作（　）
10 変遷（　）

えんかく・がまん・きばん
けいかい・しょうさい
しんえい・ひんこん・ほうにん
もぞう・ろうれん

（七）次の各文にまちがって使われている同じ読みの漢字が一字ある。上に誤字を、下に正しい漢字を記せ。 (10) 2×5

1 病床で、人間の生き方を見つめ、死生観を途露した随筆だ。（　）（　）
2 子供の減少と高齢者の増加に伴い、現行の年金システムの遺持は困難だ。（　）（　）
3 前年度の屈辱的な大敗をばねに猛練習を積み、全国征覇を成し遂げた。（　）（　）
4 今年の駅伝では、昨年最下位だったチームが突如首位に踊り出た。（　）（　）
5 気象衛星で雲の動きを追積することで、天気予報の精度が高まった。（　）（　）

（八）次の――線のカタカナを漢字一字と送りがな（ひらがな）に直せ。 (10) 2×5

〈例〉問題にコタエル。（答える）

6 雑草がハンモしている。（　）
7 記事は大きなハンキョウを呼んだ。（　）
8 社会不安をゾウフクするニュースだ。（　）
9 レットウ感を持つ必要はない。（　）
10 工場内をジュンカイする。（　）
11 試験前で神経がカビンになっている。（　）
12 敵の攻撃をボウギョする。（　）
13 大気ケンナイに突入した。（　）
14 自分なりのリュウギでやり抜く。（　）
15 優勝投手をドウアげした。（　）

（六）次の——線のカタカナを漢字に直せ。 (20) 2×10

1 すぐれた人材をハイ出する。（　　）
2 相手を侮り苦ハイをなめた。（　　）

3 相手チームの守備はケン固だ。（　　）
4 多くの人員を派ケンする。（　　）

5 質問に対してソク答する。（　　）
6 不規ソクな生活を改める。（　　）

7 事実をキャク色して伝える。（　　）
8 本を図書室に返キャクする。（　　）

9 卒業後の抱負をノベる。（　　）
10 新聞に投書がノる。（　　）

1 新人に絶好のチャンスをアタエル。（　　）
2 二食付き六千円でトメル宿だ。（　　）
3 夜半に電話するのをサケル。（　　）
4 立春を過ぎ寒さもウスライだ。（　　）
5 今後もサラニ努力を重ねる。（　　）

（九）次の——線のカタカナを漢字に直せ。 (50) 2×25

1 雑誌がチクジ刊行される。（　　）
2 王者がタイゼンと構えている。（　　）
3 チームの弱点がロテイする。（　　）
4 ヘンケンを持たぬよう注意する。（　　）
5 ジギャク的な発言をする。（　　）

16 大きな声でドナる声が聞こえる。（　　）
17 コヨミの上ではもう夏だ。（　　）
18 平凡なミスでアカハジをかいた。（　　）
19 子どもを優しくサトす。（　　）
20 衣服が汚れるのをキラう。（　　）
21 公園のシバフで語り合う。（　　）
22 私一人のテガラではない。（　　）
23 年のせいで動きがニブくなった。（　　）
24 舞の稽古《けいこ》でオウギの使い方を習う。（　　）
25 道場でシナイを構えて向き合う。（　　）

予想模擬テスト 9

解答には、常用《じょうよう》漢字の旧《きゅう》字体や表外漢字および常用漢字音訓表以外の読みを使ってはいけない。

時間 60分

合格点 140/200

得点

（一） 次の——線の漢字の読みをひらがなで記せ。 (30) 1×30

1 古代文明発祥の地を巡る旅に出る。（　　）
2 戦争の惨禍はあまりにひどい。（　　）
3 学歴偏重の時代は去った。（　　）
4 閣僚の更迭を行う。（　　）
5 裁判官が入廷する。（　　）
6 物価の騰貴を抑える。（　　）
7 両者の折衷案が可決された。（　　）
8 祖母は貞淑な女性だった。（　　）
9 琴を弾く繊細な指が美しい。（　　）
10 終日書斎で仕事をする。（　　）
11 人前で侮辱された。（　　）
12 作品の巧拙は問いません。（　　）
13 石造りの頑丈な門だ。（　　）

（二） 次の漢字の部首を記せ。 (10) 1×10

〈例〉 菜（艹）　間（門）

1 漠（　　）
2 殿（　　）
3 疸（　　）
4 奔（　　）
5 甘（　　）
6 暫（　　）
7 酌（　　）
8 茎（　　）
9 死（　　）
10 扉（　　）

（三） 熟語の構成のしかたには次のようなものがある。 (20) 2×10

ア 同じような意味の漢字を重ねたもの （岩石）

（四） 次の四字熟語について、問1と問2に答えよ。 (30)

問1 後の□内のひらがなを漢字にして1～10に入れ、四字熟語を完成せよ。□内のひらがなは一度だけ使うこと。 (20) 2×10

ア 同[1]異夢（　　）
イ 縦横無[2]（　　）
ウ 朝三[3]四（　　）
エ [4]利多売（　　）
オ 旧態[5]然（　　）
カ 悠悠自[6]（　　）
キ 理非[7]直（　　）
ク 公私[8]同（　　）
ケ 巧[9]拙速（　　）
コ 吉[10]禍福（　　）

14 トビが上空を旋回している。（　　）
15 記念品を贈呈する。（　　）
16 会議を主宰した。（　　）
17 首相は政務を統轄する。（　　）
18 謙譲の精神を発揮した。（　　）
19 剣道で心身を練磨する。（　　）
20 予算の枠内で購入する。（　　）
21 街道で蛇遣いの芸を見た。（　　）
22 川端の柳が芽吹くころだ。（　　）
23 髪にかんざしを挿す。（　　）
24 彫塑を出品する。（　　）
25 ろうそくの炎が揺れる。（　　）
26 新調の革靴で出かけた。（　　）
27 津波が海岸沿いの村を襲った。（　　）（　　）
28 着物を着て祝宴に臨む。（　　）
29 古い習慣が廃れる。（　　）
30 雪崩で小屋が押し流された。（　　）

イ　反対または対応の意味を表す字を重ねたもの（高低）
ウ　上の字が下の字を修飾しているもの（洋画）
エ　下の字が上の字の目的語・補語になっているもの（着席）
オ　上の字が下の字の意味を打ち消しているもの（非常）

次の熟語は右のア〜オのどれにあたるか、一つ選び、記号で記せ。

1 虜囚（　　）
2 酪農（　　）
3 未然（　　）
4 嫌煙（　　）
5 忙閑（　　）
6 喪中（　　）
7 抗菌（　　）
8 盗塁（　　）
9 剛柔（　　）
10 哀愁（　　）

い・きょう・きょく・こん
しょう・じん・ち・てき・はく
ぼ

問2 次の11〜15の意味にあてはまるものを問1のア〜コの四字熟語から一つ選び、記号で記せ。 (10) 2×5

11 昔のままで、まったく進歩がないこと。（　　）
12 正しいことと間違ったこと。（　　）
13 ゆったりした気持ちで、思いのままに暮らすこと。（　　）
14 目先の違いに気を取られ、物事の本質を理解しないこと。（　　）
15 仲間同士でも目的や考え方が違うことのたとえ。（　　）

（五）次の1～5の対義語、6～10の類義語を後の［　］の中から選び、漢字で記せ。［　］の中の語は一度だけ使うこと。 (20) 2×10

対義語

1 一括（　　）
2 堕落（　　）
3 軽率（　　）
4 軟弱（　　）
5 解雇（　　）

類義語

6 繁栄（　　）
7 卓絶（　　）
8 輸送（　　）
9 動作（　　）
10 伯仲（　　）

うんぱん・きょうこ・きょどう
こうせい・ごかく・さいよう
しんちょう・せいきょう
ばつぐん・ぶんかつ

（七）次の各文にまちがって使われている同じ読みの漢字が一字ある。上に誤字を、下に正しい漢字を記せ。 (10) 2×5

1 携帯電話の電子メールでは、字数を減らすため略語が頻般に使用される。（　）（　）
2 経費の節減を図るため、人員の削減も視野に入れた改善策が臨まれる。（　）（　）
3 原油は海に流出すると一部は浄発し、残りは拡散しながら油塊となる。（　）（　）
4 日本人の心の琴線に振れる歌詞と旋律を持ち、長く歌われている曲だ。（　）（　）
5 地下資源の乏しい日本では、原子力発電が総発電量の約三割を締めている。（　）（　）

（八）次の――線のカタカナを漢字一字と送りがな（ひらがな）に直せ。 (10) 2×5

〈例〉問題にコタエル。（答える）

6 難問と長時間のカクトウをした。（　）
7 恐怖のあまりゼッキョウする。（　）
8 原野をカイタクする。（　）
9 道路がホソウ工事で渋滞する。（　）
10 テレビのカヨウ番組を見ている。（　）
11 商品をヒカク検討する。（　）
12 疑いが晴れてシャクホウされた。（　）
13 著名な作家の小説をギキョク化する。（　）
14 数社の役員をケンニンする。（　）
15 毎晩十一時にはシュウシンする。（　）

(六) 次の——線のカタカナを漢字に直せ。 (20) 2×10

1 わずかな可能性がム散する。（　）
2 新しい遊びにム中になる。（　）
3 後方から味方をエン護する。（　）
4 火災現場から黒エンが上がる。（　）
5 相手の事情をスイ測する。（　）
6 スイ奏楽部に入る。（　）
7 珍しい鉱石を採クツする。（　）
8 予定が中止になり、退クツだ。（　）
9 スんだ笛の音が聞こえる。（　）
10 木の葉を光でスかす。（　）

1 景気の行く先をアヤブム。（　）
2 和服をタタンでたんすにしまう。（　）
3 好青年の行く末がタノモシイ。（　）
4 紅葉が夕日に照りハエル。（　）
5 柿《かき》の実がウレル秋がきた。（　）

(九) 次の——線のカタカナを漢字に直せ。 (50) 2×25

1 参考となるブンケンを入手する。（　）
2 ボールをコウイツする。（　）
3 自転車同士でショウトツする。（　）
4 番犬が声をあげてイカクした。（　）
5 交渉はようやくダケツした。（　）

16 どうぞメし上がってください。（　）
17 なかなかテガタい戦術である。（　）
18 そろそろコロモがえの季節だ。（　）
19 死にものグルいでがんばった。（　）
20 若い二人にコイゴコロが芽生えた。（　）
21 情報がツツヌけになる。（　）
22 スメシの上に具材の魚を乗せる。（　）
23 舟からアミを投げて魚をとる。（　）
24 里にシグレが降り始めた。（　）
25 庭の老木がクちる。（　）

予想模擬テスト ⑩

解答には、常用《じょうよう》漢字の旧《きゅう》字体や表外漢字および常用漢字音訓表以外の読みを使ってはいけない。

時間 60分

合格点 140/200

得点

（一） 次の——線の漢字の読みをひらがなで記せ。 (30) 1×30

1 資金調達に奔走する。（　）
2 示唆に富んだ講話だ。（　）
3 救助隊員は迅速に対応した。（　）
4 試合に勝って上機嫌になる。（　）
5 真面目さが唯一の長所だ。（　）
6 少々の事では愚痴を言わない。（　）
7 十分な睡眠時間を確保する。（　）
8 歯列矯正を受ける。（　）
9 管弦楽の演奏会に行く。（　）
10 深い憂愁に閉ざされている。（　）
11 川柳は世相を表す。（　）
12 温室でトマトを栽培する。（　）
13 効能は顕著に現れた。（　）

（二） 次の漢字の部首を記せ。 (10) 1×10

〈例〉菜（艹）　間（門）

1 酷（　）
2 窯（　）
3 却（　）
4 版（　）
5 甚（　）
6 夢（　）
7 薦（　）
8 懸（　）
9 畝（　）
10 辞（　）

（三） 熟語の構成のしかたには次のようなものがある。 (20) 2×10

ア 同じような意味の漢字を重ねたもの （岩石）

（四） 次の四字熟語について、問1と問2に答えよ。 (30)

問1 後の□内のひらがなを漢字にして1～10に入れ、四字熟語を完成せよ。□内のひらがなは一度だけ使うこと。 (20) 2×10

ア 孤立無[1]（　）
イ [2]石混交（　）
ウ 勇[3]果敢（　）
エ 臨機[4]変（　）
オ 温[5]篤実（　）
カ 優勝[6]敗（　）
キ 無念無[7]（　）
ク 流言[8]語（　）
ケ [9]志弱行（　）
コ 無[10]夢中（　）

14 綿と麻との混紡です。（　　）
15 名演奏に愉悦を覚えた。（　　）
16 豊かな土壌に恵まれる。（　　）
17 表彰式に出席する。（　　）
18 仕事が繁忙を極める。（　　）
19 百年の知己を得た思いだ。（　　）
20 庶務課に回して処理をする。（　　）
21 母校の勝利に沸き立つ。（　　）
22 貝塚で見つかった土器だ。（　　）
23 立場を利用してうまい汁を吸う。（　　）
24 町屋の坪庭は風の通り道だ。（　　）
25 人手を煩わしてしまった。（　　）
26 鑑賞に堪える作品ばかりだ。（　　）
27 財布に小さな鈴を付ける。（　　）
28 夕暮れの浦風が気持ちよい。（　　）
29 漆にふれるとかぶれる。（　　）
30 凹凸した山道を歩く。（　　）

イ　反対または対応の意味を表す字を重ねたもの　（高低）
ウ　上の字が下の字を修飾しているもの　（洋画）
エ　下の字が上の字の目的語・補語になっているもの　（着席）
オ　上の字が下の字の意味を打ち消しているもの　（非常）

次の熟語は右のア～オのどれにあたるか、一つ選び、記号で記せ。

1 点滅（　　）
2 検疫（　　）
3 搭乗（　　）
4 珠玉（　　）
5 河畔（　　）
6 恭順（　　）
7 未了（　　）
8 遷都（　　）
9 興廃（　　）
10 護身（　　）

えん・おう・が・ぎょく・こう
そう・はく・ひ・もう・れっ

問2 次の11～15の意味にあてはまるものを**問1**のア～コの四字熟語から一つ選び、記号で記せ。　(10) 2×5

11 確証がなくいい加減なうわさ。（　　）
12 何も考えないこと。（　　）
13 仲間や助けてくれるものが何もないこと。（　　）
14 おだやかで優しく、誠意を持っていること。（　　）
15 自分を忘れるほど物事に没頭すること。（　　）

（五）次の1～5の対義語、6～10の類義語を後の□の中から選び、漢字で記せ。□の中の語は一度だけ使うこと。 (20) 2×10

対義語

1 返済（　）
2 絶滅（　）
3 年頭（　）
4 模倣（　）
5 中枢（　）

類義語

6 過程（　）
7 尋常（　）
8 懇意（　）
9 勲功（　）
10 踏襲（　）

けいい・けいしょう・さいまつ
しゃくよう・しんみつ
そうぞう・てがら・はんしょく
ふつう・まったん

（七）次の各文にまちがって使われている同じ読みの漢字が一字ある。上に誤字を、下に正しい漢字を記せ。 (10) 2×5

1 加工食品は賞味期限や点加物の表示を見ながら購入するように心掛ける。（　）（　）
2 選手たちは試合前の守備練習で、球場の広さや芝の感飾を確かめた。（　）（　）
3 劇場が新装し、人気俳優を集めた剛華な配役による初興行があった。（　）（　）
4 今世紀中には地球基模での食糧不足が人類全体の深刻な問題となる。（　）（　）
5 天候急変時には強行せず、遭難の危険を犯さぬよう事前に注意された。（　）（　）

（八）次の――線のカタカナを漢字一字と送りがな（ひらがな）に直せ。 (10) 2×5

〈例〉問題にコタエル。（答える）

6 敵陣のテイサツに行く。（　）
7 英文学センコウの学生が多い。（　）
8 少年のクッセツした心理を描く。（　）
9 雪で列車がチエンした。（　）
10 事件がレンサして起こる。（　）
11 雑誌に詩をトウコウする。（　）
12 対戦相手にトウシを燃やす。（　）
13 ミャクラクのない話をする。（　）
14 年会費をチョウシュウします。（　）
15 突然のライメイに驚く。（　）

（六）次の――線のカタカナを漢字に直せ。 (20) 2×10

1 コウ天にもかかわらず船を出す。
2 チキンのコウ草焼きを食べる。（　）（　）

3 宿題をテイ出する。
4 テイ防の工事が行われる。（　）（　）

5 銀行にヨ金する。
6 チームの勝利に寄ヨする。（　）（　）

7 検査の結果、イン性だった。
8 強インな方法を敬遠する。（　）（　）

9 三メートルほどハナれる。
10 釣った魚をその場でハナつ。（　）（　）

1 今は実験をココロミル段階だ。（　）
2 名月が雲にカクレル。（　）
3 海岸でメズラシイ貝を見つけた。（　）
4 気まずくて顔をソムケル。（　）
5 アマヤカサれてわがままになった。（　）

（九）次の――線のカタカナを漢字に直せ。 (50) 2×25

1 知らない町をタンサクする。（　）
2 有名な先生のクントウを受ける。（　）
3 知人にベンギを図ってもらう。（　）
4 有名な酒をジョウゾウする。（　）
5 期待と不安がコウサクする。（　）

16 忙しくてネている暇もない。（　）
17 楽しい気分で口笛をフく。（　）
18 運動をするとのどがカワく。（　）
19 山の上から町の様子をナガめる。（　）
20 手にアセ握る熱戦だ。（　）
21 才能の芽をツんではならない。（　）
22 イクエにもおわび申し上げます。（　）
23 猟銃で鳥をウち落とす。（　）
24 待ち時間が長くツカれた。（　）
25 話がだんだんニつまってきた。（　）

予想模擬テスト 11

解答には、常用《じょうよう》漢字の旧《きゅう》字体や表外漢字および常用漢字音訓表以外の読みを使ってはいけない。

時間 60分
合格点 140/200
得点

（一） 次の——線の漢字の読みをひらがなで記せ。 (30) 1×30

1 入社時に誓約書を提出した。（　　）
2 妙案が脳裏にひらめく。（　　）
3 事件の核心に迫る。（　　）
4 時宜にかなった講演だった。（　　）
5 先の提案を撤回する。（　　）
6 かつては天皇に統帥権があった。（　　）
7 書道は高尚な趣味だ。（　　）
8 漠然とした不安にかられる。（　　）
9 新鮮な野菜を出荷する。（　　）
10 必死に衷情を訴える（　　）
11 山奥に仙人が住んでいた。（　　）
12 企業倫理を厳しく問う。（　　）
13 財布に紙幣をしまう。（　　）
14 労使間の交渉が妥結した。（　　）

（二） 次の漢字の部首を記せ。 (10) 1×10

〈例〉菜（艹）　間（門）

1 淑（　　）
2 妥（　　）
3 献（　　）
4 宰（　　）
5 顕（　　）
6 斗（　　）
7 且（　　）
8 再（　　）
9 凹（　　）
10 累（　　）

（三） 熟語の構成のしかたには次のようなものがある。 (20) 2×10

ア 同じような意味の漢字を重ねたもの （岩石）

（四） 次の四字熟語について、問1と問2に答えよ。 (30)

問1 後の□内のひらがなを漢字にして1～10に入れ、四字熟語を完成せよ。□内のひらがなは一度だけ使うこと。 (20) 2×10

ア 和洋[1]衷（　　）
イ 面目[2]如（　　）
ウ 用意周[3]（　　）
エ 無[4]徒食（　　）
オ 要害[5]固（　　）
カ [6]忍自重（　　）
キ 衆口一[7]（　　）
ク 疾風迅[8]（　　）
ケ 千[9]万来（　　）
コ 信賞必[10]（　　）

15 老翁が登場する芝居だ。（　　）
16 会社から制服が貸与された。（　　）
17 二人で将棋を指している。（　　）
18 まだ若干のゆとりがある。（　　）
19 家族で納棺の儀を行う。（　　）
20 冬山が雪化粧を始めた。（　　）
21 歯茎がはれて痛い。（　　）
22 今日は足袋を履いて出かける。（　　）
23 草むらで蛍が光っていた。（　　）
24 食べ物の好き嫌いが激しい。（　　）
25 講演中はのどが渇く。（　　）
26 街の景観を損なう建物だ。（　　）
27 寒さで猫背になって歩いた。（　　）
28 病院で診てもらう。（　　）
29 いまさら口を挟む気になれない。（　　）
30 寒気もやわらぎよい日和だ。（　　）

イ　反対または対応の意味を表す字を重ねたもの　（高低）
ウ　上の字が下の字を修飾しているもの　（洋画）
エ　下の字が上の字の目的語・補語になっているもの　（着席）
オ　上の字が下の字の意味を打ち消しているもの　（非常）

次の熟語は右のア～オのどれにあたるか、一つ選び、記号で記せ。

1 酷似（　　）
2 懐古（　　）
3 濫獲（　　）
4 功罪（　　）
5 擬似（　　）
6 駐留（　　）
7 不審（　　）
8 親疎（　　）
9 殉職（　　）
10 喪失（　　）

い・いん・きゃく・けん・せっ・ち・とう・ばつ・やく・らい

問2 次の11～15の意味にあてはまるものを問1のア～コの四字熟語から一つ選び、記号で記せ。 (10) 2×5

11 すべきことをせずに遊び暮らすこと。（　　）
12 苦しみなどをこらえて表に出さず、軽はずみな行動をとらないこと。（　　）
13 すべての人の言うことがぴったりと合うこと。（　　）
14 しっかりと守っていて、容易には破られないこと。（　　）
15 行動が速く、また、激しいこと。（　　）

（五） 次の1〜5の対義語、6〜10の類義語を後の□の中から選び、漢字で記せ。□の中の語は一度だけ使うこと。 (20) 2×10

対義語

1 蛇行（　）
2 左遷（　）
3 相違（　）
4 優良（　）
5 謙虚（　）

類義語

6 邸宅（　）
7 雑踏（　）
8 火急（　）
9 干渉（　）
10 憶測（　）

えいてん・かいにゅう・がっち
こうまん・こんざつ
すいりょう・せっぱく
ちょくしん・やしき・れつあく

（七） 次の各文にまちがって使われている同じ読みの漢字が一字ある。上に誤字を、下に正しい漢字を記せ。 (10) 2×5

1 新事業に失敗して多額の借金を背負ったが、父が片代わりをしてくれた。（　）（　）
2 芸術鑑賞会で上演された華麗な舞謡に観客は魅了された。（　）（　）
3 過剰に繁殖した野生動物を生態系保護の立場から苦除する計画がある。（　）（　）
4 話し合いは難航を極めたが、双方の代表が接衝を続け合意に達した。（　）（　）
5 豊富な図版と便利な索引の付いた辞典で、大変頂宝している。（　）（　）

（八） 次の――線のカタカナを漢字一字と送りがな（ひらがな）に直せ。 (10) 2×5

〈例〉 問題にコタエル。（答える）

6 資料をテンプして説明する。（　）
7 美しいコウタクをもつ宝石だ。（　）
8 火口からフンエンが上がった。（　）
9 チームが海外エンセイに出発した。（　）
10 全精力をケイチュウする。（　）
11 証人が現れてギワクが晴れた。（　）
12 自然界にはシユウ同体の生物もいる。（　）
13 製造元に注文がサットウした。（　）
14 難関をシュビよく突破した。（　）
15 博士にはガンチクのある言葉が多い。（　）

（六）次の――線のカタカナを漢字に直せ。（20）2×10

1 豪雨で堤防が決カイした。（　）
2 サービスをカイ約する。（　）

3 湖面に波モンが広がる。（　）
4 専モン的に学習する。（　）

5 横ヘイな態度を取る。（　）
6 相手の態度にヘイロする。（　）

7 飛行機の両ヨクを整備する。（　）
8 今から荷物を送ればヨク日に届く。（　）

9 家業をツぐために修業をする。（　）
10 優勝者にツぐ二位だ。（　）

1 カガヤカシイ経歴の持ち主だ。（　）
2 焼き魚に大根おろしをソエル。（　）
3 明日お宅へウカガイます。（　）
4 夕日が西にカタムク。（　）
5 言葉遣いをイマシメル。（　）

（九）次の――線のカタカナを漢字に直せ。（50）2×25

1 挙式してコンイン届を出す。（　）
2 物質が水分によってナンカする。（　）
3 声を合わせて和歌をロウエイする。（　）
4 大きな氷をフンサイする。（　）
5 人員を割いてドルイを築く。（　）

16 橋から大きなウズが見える。（　）
17 双方の意見をアワせて聞く。（　）
18 ウサギが飛びハねている。（　）
19 大きな枯れ木を引きタオした。（　）
20 健康のためウスギですごす。（　）
21 我が子を胸にダきしめる。（　）
22 洗面所でカミを洗う。（　）
23 指先にとげがサさる。（　）
24 ホしかった家電を買う。（　）
25 鳥のユクエを望遠鏡で追う。（　）

予想模擬テスト ⑫

解答には、常用《じょうよう》漢字の旧《きゅう》字体や表外漢字および常用漢字音訓表以外の読みを使ってはいけない。

時間 60分

合格点 140/200

得点

（一） 次の——線の漢字の読みをひらがなで記せ。 (30) 1×30

1 心情を淡々と叙述する。（　　）
2 取材は一切拒否された。（　　）
3 写真の人物と酷似している。（　　）
4 乗組員は艦長に従う。（　　）
5 戸籍抄本を取り寄せる。（　　）
6 空港で搭乗手続きをする。（　　）
7 地震の災禍から立ち上がる。（　　）
8 水中から気泡が出る。（　　）
9 国会開会の詔勅が下される。（　　）
10 あくどい商法に憤慨する。（　　）
11 壮大な万里の長城を築く。（　　）
12 生活が惰性に流された。（　　）
13 会議は紛糾して一時中断された。（　　）

（二） 次の漢字の部首を記せ。 (10) 1×10

〈例〉菜（艹）　間（門）

1 款（　　）
2 秀（　　）
3 殉（　　）
4 泰（　　）
5 卵（　　）
6 呉（　　）
7 窃（　　）
8 附（　　）
9 勅（　　）
10 承（　　）

（三） 熟語の構成のしかたには次のようなものがある。 (20) 2×10

ア 同じような意味の漢字を重ねたもの（岩石）

（四） 次の四字熟語について、問1と問2に答えよ。 (30)

問1 後の□内のひらがなを漢字にして1～10に入れ、四字熟語を完成せよ。□内のひらがなは一度だけ使うこと。 (20) 2×10

ア 順風満1（　　）
イ 2合集散（　　）
ウ 雲散3消（　　）
エ 汗牛充4（　　）
オ 5手必勝（　　）
カ 付和6同（　　）
キ 論7明快（　　）
ク 8中有閑（　　）
ケ 千載一9（　　）
コ 思10分別（　　）

14 議会の懲罰委員会に付託する。（　　）
15 まだやり直す余裕がある。（　　）
16 華やかな王妃として人気がある。（　　）
17 当地を代表する銘菓です。（　　）
18 相手の態度が軟化してきた。（　　）
19 社会の秩序が乱れる。（　　）
20 宇宙船が無事に帰還した。（　　）
21 ささいなことを気に病む。（　　）
22 相手に話を遮られる。（　　）
23 自分の殻に閉じこもる。（　　）
24 相手の計略に陥ったようだ。（　　）
25 子供は褒めて育てよう。（　　）
26 休日は釣りに出かけた。（　　）
27 暁の空に残月が見える。（　　）
28 古くから伝わる童歌だ。（　　）
29 げたの鼻緒をすげる。（　　）
30 傷んだ屋根を修理する。（　　）

イ　反対または対応の意味を表す字を重ねたもの　（高低）
ウ　上の字が下の字を修飾しているもの　（洋画）
エ　下の字が上の字の目的語・補語になっているもの　（着席）
オ　上の字が下の字の意味を打ち消しているもの　（非常）

次の熟語は右のア～オのどれにあたるか、一つ選び、記号で記せ。

1 駐屯（　　）
2 遭難（　　）
3 枢要（　　）
4 未明（　　）
5 墨汁（　　）
6 首尾（　　）
7 酷使（　　）
8 摩擦（　　）
9 懐疑（　　）
10 雅俗（　　）

ぐう・し・せん・とう・ぱん
ぼう・む・らい・り・りょ

問2 次の11～15の意味にあてはまるものを問1のア～コの四字熟語から一つ選び、記号で記せ。 (10) 2×5

11 自分の主義主張を持たず、他人の意見に安易に賛成すること。（　　）
12 物事を注意深く考えて判断すること。（　　）
13 滅多にない好機。（　　）
14 ものごとが思うままに進行すること。（　　）
15 跡形も残さずなくなること。（　　）

（五）次の1〜5の対義語、6〜10の類義語を後の［　］の中から選び、漢字で記せ。［　］の中の語は一度だけ使うこと。 (20) 2×10

対義語

1 秩序（　　）
2 拾得（　　）
3 忘却（　　）
4 喪失（　　）
5 逸材（　　）

類義語

6 抹消（　　）
7 無窮（　　）
8 辛苦（　　）
9 憤慨（　　）
10 盲点（　　）

いしつ・えいえん・かくとく
きおく・げきど・こんらん
しかく・じょきょ・なんぎ
ぼんさい

（七）次の各文にまちがって使われている同じ読みの漢字が一字ある。上に誤字を、下に正しい漢字を記せ。 (10) 2×5

1 梅雨前線のもたらした大雨で、洪水や土砂崩れなどの避害が出た。（　）（　）
2 本屋の店頭には、芸能界やスポーツの記事が満載された週間誌が並ぶ。（　）（　）
3 企業の反社会的な不正行意が、従業員の内部告発という形で暴かれた。（　）（　）
4 夜空に輝く星のほとんどは硬星で、高温なため生命の存在は考えにくい。（　）（　）
5 穀物の国際価格高騰が各国の食糧価格に波求し、社会不安を醸成している。（　）（　）

（八）次の――線のカタカナを漢字一字と送りがな（ひらがな）に直せ。 (10) 2×5

〈例〉問題にコタエル。（答える）

6 日本記録をコウシンした。（　）
7 旧来の慣習をトウシュウする。（　）
8 中立的な立場をイジする。（　）
9 登山にはシュウトウな計画を立てる。（　）
10 老母をカイゴする。（　）
11 優れた人材をハイシュツしてきた。（　）
12 埋め立てでギョカク量が減少した。（　）
13 この機械のタイヨウ年数は五年だ。（　）
14 病院でテンテキを受ける。（　）
15 話がコチョウされて伝わった。（　）

（六） 次の――線のカタカナを漢字に直せ。 (20) 2×10

1 新企画の実現にフ心する。（　）
2 やっと景気がフ揚してきた。（　）
3 不意をつかれ気セイがそがれた。（　）
4 セイ名の画数で占いをする。（　）
5 物語は悲ゲキ的な結末を迎えた。（　）
6 守っていたチームが反ゲキする。（　）
7 ライオンは肉食ジュウだ。（　）
8 リーダーに服ジュウする。（　）
9 エ体の知れない人物が現れた。（　）
10 傘のエに名札を付ける。（　）

1 年老いた母のいる故郷がコイシイ。（　）
2 赤字続きにナヤマサれている。（　）
3 就寝中に首の筋をチガエた。（　）
4 列車の発車時刻がオクレル予定だ。（　）
5 多くの社員をカカエルようになった。（　）

（九） 次の――線のカタカナを漢字に直せ。 (50) 2×25

1 宣伝のためのバイタイを選ぶ。（　）
2 新しいテイトクが着任する。（　）
3 身勝手な行動を見てゲンメツする。（　）
4 骨折が完全にチユする。（　）
5 ハトがイッセイに飛び立った。（　）

16 スドまりでお願いします。（　）
17 葉先にアサツユが光っている。（　）
18 底なしのヌマだと恐れられている。（　）
19 強力なスケダチが現れた。（　）
20 相手の話をサエギる。（　）
21 おいしい料理のトリコになる。（　）
22 週に三回はピアノをヒく。（　）
23 外で野次馬がサワいでいる。（　）
24 企業はノキナみ倒産した。（　）
25 一年でセタケが五センチ伸びた。（　）

予想模擬テスト 13

解答には、常用《じょうよう》漢字の旧《きゅう》字体や表外漢字および常用漢字音訓表以外の読みを使ってはいけない。

時間 60分

合格点 140/200

得点

(一) 次の――線の漢字の読みをひらがなで記せ。 (30) 1×30

1 彼は凡庸な人間ではない。（　　）
2 侵入者を一喝して追い返す。（　　）
3 約束を忠実に履行する。（　　）
4 交渉の経過を逐次報告する。（　　）
5 鐘の音が余韻を残して消える。（　　）
6 液体を採取して分析する。（　　）
7 二国間の条約は批准された。（　　）
8 太陽崇拝の信仰がある。（　　）
9 化学の実験に硫酸を使う。（　　）
10 肯定的な意見を述べる。（　　）
11 図書館で文献を検索する。（　　）
12 殊勲の一打を放つ。（　　）
13 山頂で清涼な空気を吸う。（　　）

(二) 次の漢字の部首を記せ。 (10) 1×10

〈例〉菜（艹）　間（門）

1 塁（　　）
2 虜（　　）
3 罷（　　）
4 帥（　　）
5 亭（　　）
6 漸（　　）
7 衷（　　）
8 含（　　）
9 魔（　　）
10 某（　　）

(三) 熟語の構成のしかたには次のようなものがある。 (20) 2×10

ア 同じような意味の漢字を重ねたもの　（岩石）

(四) 次の四字熟語について、問1と問2に答えよ。 (30)

問1 後の□内のひらがなを漢字にして1〜10に入れ、四字熟語を完成せよ。□内のひらがなは一度だけ使うこと。 (20) 2×10

ア 喜色[1]面（　　）
イ 竜頭蛇[2]（　　）
ウ 生殺[3]奪（　　）
エ [4]逆無道（　　）
オ [5]天動地（　　）
カ 馬耳[6]風（　　）
キ 冠[7]葬祭（　　）
ク 良風美[8]（　　）
ケ 千[9]万紅（　　）
コ [10]励努力（　　）

14 父の肖像画を描く。（　）
15 相互扶助の精神が大切だ。（　）
16 道路が陥没して不通になる。（　）
17 夜間の診療は六時からだ。（　）
18 俊敏な動きで打球をさばく。（　）
19 新婦を友人に披露する。（　）
20 慶祝のちょうちん行列が続く。（　）
21 青い海に白帆が映える。（　）
22 新しい家の棟上げを祝う。（　）
23 春の渦潮を見にいった。（　）
24 京都の尼寺を訪ねる。（　）
25 刑に服して罪を償う。（　）
26 乗り気がしないので返事を渋った。（　）
27 両親に諭されて家に帰る。（　）
28 麻混紡の夏向きの布地だ。（　）
29 誤解も甚だしい。（　）
30 兄弟で相撲をとっている。（　）

イ　反対または対応の意味を表す字を重ねたもの　（高低）
ウ　上の字が下の字を修飾しているもの　（洋画）
エ　下の字が上の字の目的語・補語になっているもの　（着席）
オ　上の字が下の字の意味を打ち消しているもの　（非常）

次の熟語は右のア～オのどれにあたるか、一つ選び、記号で記せ。

1 勧奨（　）
2 尚早（　）
3 抑揚（　）
4 漆黒（　）
5 叙勲（　）
6 虚実（　）
7 無謀（　）
8 披露（　）
9 還暦（　）
10 妙齢（　）

あく・きょう・こん・し・ぞく
とう・び・ふん・まん・よ

問2 次の11～15の意味にあてはまるものを**問1**のア～コの四字熟語から一つ選び、記号で記せ。　(10) 2×5

11 花が色とりどりに咲き乱れているさま。（　）
12 人の言葉を聞き流すこと。（　）
13 他人を思いのままに支配すること。（　）
14 はじめはさかんだが、終わりのほうではふるわないこと。（　）
15 慶弔の儀式のこと。（　）

（五） 次の1～5の対義語、6～10の類義語を後の□の中から選び、漢字で記せ。□の中の語は一度だけ使うこと。

(20) 2×10

対義語

1 廃棄（　　）
2 罷免（　　）
3 陳腐（　　）
4 消耗（　　）
5 中庸（　　）

類義語

6 頑丈（　　）
7 尊大（　　）
8 看護（　　）
9 時流（　　）
10 隷属（　　）

かいほう・きょくたん・けんご
こうまん・しんせん・ちくせき
にんめい・ふうちょう
ふくじゅう・ほぞん

（七） 次の各文にまちがって使われている同じ読みの漢字が一字ある。上に誤字を、下に正しい漢字を記せ。

(10) 2×5

1 肩書きをかさに威晴るのは、自分の弱さを露呈しているに過ぎない。（　）（　）
2 日本の伝統芸能である能楽は、情緒豊かで幽幻な雰囲気が感じられる。（　）（　）
3 新郎新婦は祝宴の終わりに双方の両親に謝辞を述べ、花束を造呈した。（　）（　）
4 連日大リーグで活役する日本人選手を、解説者は手放しで褒めた。（　）（　）
5 都市の気温上昇の抑制と大気の浄化に配慮して、屋上の緑化を推進する。（　）（　）

（八） 次の――線のカタカナを漢字一字と送りがな（ひらがな）に直せ。

(10) 2×5

〈例〉 問題にコタエル。（答える）

6 急なケイシャの屋根だ。（　）
7 キョウレツな悪臭がただよう。（　）
8 世界のコウキュウ平和を祈る。（　）
9 母校の勝利にカンキする。（　）
10 高尚なシュミを持つ人だ。（　）
11 海外との交信をボウジュした。（　）
12 あれこれオクソクが乱れ飛ぶ。（　）
13 事実にリッキャクして論じる。（　）
14 容器のタイネツ温度を調べた。（　）
15 演奏後にバンライの拍手が起こる。（　）

(六) 次の――線のカタカナを漢字に直せ。 (20) 2×10

1 駅前の雑トウに紛れる。（　）
2 トウ明な液体を実験に用いる。（　）
3 失敗した経イを報告する。（　）
4 現状のイ持すら困難だ。（　）
5 おカ子を食べる。（　）
6 良いサービスを求めてカ金する。（　）
7 試合の終バンにさしかかる。（　）
8 彼はバン年にこの本を書いた。（　）
9 うわさを聞いて不安にカられる。（　）
10 公園の桜がカれる。（　）

1 一回転してアザヤカニ着地した。（　）
2 ナゴヤカナ雰囲気で話し合う。（　）
3 西欧の古城をメグル旅に出た。（　）
4 思わぬ損害をコウムル。（　）
5 コンピュータを巧みにアヤツル。（　）

(九) 次の――線のカタカナを漢字に直せ。 (50) 2×25

1 数式にカッコをつける。（　）
2 カコンを断つために話し合う。（　）
3 歩きまわってヒヘイする。（　）
4 実験の失敗にジュウメンをつくる。（　）
5 リジュンを追求して働く。（　）

16 コトを上手に演奏する。（　）
17 資金を寄付金でマカナう。（　）
18 夏空に雲のミネがそびえ立つ。（　）
19 ぬれた手でサワってはいけない。（　）
20 カラクサ模様の風呂敷だ。（　）
21 ツバサを広げて大空を飛ぶ。（　）
22 新しいタタミのにおいが好きです。（　）
23 初めてのサワノボリに挑戦した。（　）
24 大雪で列車がオオハバに遅れている。（　）
25 北の海は今ごろフブキだろう。（　）

予想模擬テスト 14

解答には、常用《じょうよう》漢字の旧《きゅう》字体や表外漢字および常用漢字音訓表以外の読みを使ってはいけない。

時間 60分　合格点 140/200　得点

（一）次の――線の漢字の読みをひらがなで記せ。 (30) 1×30

1 国を相手に公害の訴訟を起こす。（　　）
2 大会の来賓として招かれる。（　　）
3 資料提供の報酬を受ける。（　　）
4 派手な宣伝活動を自粛する。（　　）（　　）
5 伝染病の撲滅を図る。（　　）
6 問題の本質を見事に喝破した。（　　）
7 風邪一つ引かない頑健な人だ。（　　）
8 美しい旋律に心を奪われた。（　　）
9 社会の安寧を保つ。（　　）
10 国王に拝謁する。（　　）
11 役所で戸籍謄本をとる。（　　）
12 蛇行する川に沿って下る。（　　）

（二）次の漢字の部首を記せ。 (10) 1×10

〈例〉菜（艹）　間（門）

1 粛（　　）
2 玄（　　）
3 慕（　　）
4 弊（　　）
5 奪（　　）
6 翻（　　）
7 昆（　　）
8 崩（　　）
9 摩（　　）
10 栄（　　）

（三）熟語の構成のしかたには次のようなものがある。 (20) 2×10

ア 同じような意味の漢字を重ねたもの （岩石）

（四）次の四字熟語について、問1と問2に答えよ。 (30)

問1 後の□内のひらがなを漢字にして1〜10に入れ、四字熟語を完成せよ。□内のひらがなは一度だけ使うこと。 (20) 2×10

ア 不1不滅（　　）
イ 美辞2句（　　）
ウ 3悪非道（　　）
エ 首4一貫（　　）
オ 勢力伯5（　　）
カ 6知徹底（　　）
キ 鯨飲7食（　　）
ク 一8千金（　　）
ケ 神出9没（　　）
コ 10田引水（　　）

13 実験用に細菌を培養する。（　　）
14 上品な紳士が話している。（　　）
15 妊娠七か月の検診を受ける。（　　）
16 振り込め詐欺に注意する。（　　）
17 同窓会で懐旧談に花が咲いた。（　　）
18 子供は両親の干渉を嫌う。（　　）
19 何事も克己心が大切だ。（　　）
20 ガスの元栓を確かめる。（　　）
21 畑を耕して畝をつくる。（　　）
22 寒さのため唇が震える。（　　）
23 岬の突端に灯台がある。（　　）
24 称賛に値する働きだ。（　　）
25 当店のお薦め商品です。（　　）
26 失敗にも懲りずにやり直す。（　　）
27 非難の矢面に立たされた。（　　）
28 実家からの援助を拒む。（　　）
29 連係プレーで得点を稼ぐ。（　　）
30 夜の波止場を歩く。（　　）

イ　反対または対応の意味を表す字を重ねたもの（高低）
ウ　上の字が下の字を修飾しているもの（洋画）
エ　下の字が上の字の目的語・補語になっているもの（着席）
オ　上の字が下の字の意味を打ち消しているもの（非常）

次の熟語は右のア～オのどれにあたるか、一つ選び、記号で記せ。

1 享楽（　　）
2 独吟（　　）
3 破砕（　　）
4 遮光（　　）
5 不遇（　　）
6 水泡（　　）
7 充満（　　）
8 禍福（　　）
9 贈賄（　　）
10 労使（　　）

が・き・きゅう・こく・ごく
しゅう・ちゅう・ば・び・れい

問2 次の11～15の意味にあてはまるものを問1のア～コの四字熟語から一つ選び、記号で記せ。(10) 2×5

11 耳ざわりよくうわべを飾り立てた言葉。（　　）
12 物事を、自分に都合良く考えたり進めたりすること。（　　）
13 いつまでも衰えたりなくなったりしないこと。（　　）
14 自在に現れたり隠れたりするため、居所がわからないこと。（　　）
15 はじめから終わりまで変わらないこと。（　　）

（五） 次の1〜5の対義語、6〜10の類義語を後の□の中から選び、漢字で記せ。□の中の語は一度だけ使うこと。 (20) 2×10

対義語

1 端緒（　　）
2 撤去（　　）
3 拘束（　　）
4 専任（　　）
5 擁護（　　）

類義語

6 快活（　　）
7 酌量（　　）
8 肯定（　　）
9 親友（　　）
10 動転（　　）

ぎょうてん・けつまつ・けんむ
こうりょ・しゃくほう
しんがい・せっち・ぜにん
ちき・めいろう

（七） 次の各文にまちがって使われている同じ読みの漢字が一字ある。上に誤字を、下に正しい漢字を記せ。 (10) 2×5

1 人工衛星を使って森林一帯を環視し、違法な伐採の摘発に努めている。（　）（　）
2 前知事の任期満了に伴い実施された知事選挙は、速日開票される予定だ。（　）（　）
3 幕末の黒船の当来は、太平の眠りをむさぼる日本国中を驚かせた。（　）（　）
4 早春に多くの人々を苦しめるスギ花粉は、気象条件で飛産量が変わる。（　）（　）
5 家庭菜園で栽培した無農薬野菜を材料に、母は自満の手料理を作った。（　）（　）

（八） 次の——線のカタカナを漢字一字と送りがな(ひらがな)に直せ。 (10) 2×5

〈例〉 問題にコタエル。（答える）

6 町の復興にジンリョクしている。（　）
7 敗退して優勝のケンガイに去った。（　）
8 不満の色をロコツに表す。（　）
9 少数民族がハクガイを受ける。（　）
10 反対運動のイチヨクを担う。（　）
11 審判の判定にコウギする。（　）
12 国際平和をキネンする。（　）
13 手作りケーキにカンミ料を使用する。（　）
14 事故のサンジョウに目を覆う。（　）
15 左右の足をコウゴに動かす。（　）

（六）次の――線のカタカナを漢字に直せ。（20）2×10

1 樹レイ千年を数える老木だ。（　　）
2 彼はレイ儀正しい人物だ。（　　）

3 新エイの作家達による小説集だ。（　　）
4 子どもに良いエイ響を与える。（　　）

5 年を西レキで表す。（　　）
6 作者の略レキを読む。（　　）

7 コウ守がめまぐるしく入れ替わる。（　　）
8 相手の作戦に対コウする。（　　）

9 肩の力をヌく。（　　）
10 部屋の入り口でくつをヌぐ。（　　）

1 朝からイソガシイ一日だった。（　　）
2 成績の伸びがイチジルシイ。（　　）
3 幸いに難をノガレた。（　　）
4 会長と社長をカネル。（　　）
5 トビが円をエガイて大空を舞う。（　　）

（九）次の――線のカタカナを漢字に直せ。（50）2×25

1 彼はまれに見るシュンサイだ。（　　）
2 門弟をヨウシャなく指導する。（　　）
3 新製品の購入をスイショウする。（　　）
4 鐘の音のヨインが残る。（　　）
5 手術の前にマスイを打つ。（　　）

16 ハムをパンでハサむ。（　　）
17 作家が物語をツムぐ。（　　）
18 当分ここにコシをすえて働く。（　　）
19 寒さもだいぶヤワらいできた。（　　）
20 山深くケモノミチをたどって行った。（　　）
21 他社に比べて技術がオトっている。（　　）
22 父のシラガが目立つようになった。（　　）
23 式典はオゴソかに行われた。（　　）
24 まんまとカタスかしを食らった。（　　）
25 カンヌシのおはらいを受ける。（　　）

予想模擬テスト 15

解答には、常用《じょうよう》漢字の旧《きゅう》字体や表外漢字および常用漢字音訓表以外の読みを使ってはいけない。

時間 60分

合格点 140/200

得点

（一） 次の——線の漢字の読みをひらがなで記せ。 (30) 1×30

1 銀行から融資を受ける。（　　）
2 北海道で酪農を営む。（　　）
3 天下の逸品と称せられる軸物だ。（　　）
4 心に一抹の不安がある。（　　）
5 閑静な住宅街が広がる。（　　）
6 市役所が管轄する機関だ。（　　）
7 山頂からの眺望は格別だ。（　　）
8 薬物による弊害を除去する。（　　）
9 恩師逝去の悲報に接する。（　　）
10 天子の印章を玉璽という。（　　）
11 大量の土砂が道をふさいでいる。（　　）
12 自覚症状はほとんどない。（　　）
13 彼の生活は王侯貴族のようだ。（　　）

（二） 次の漢字の部首を記せ。 (10) 1×10

〈例〉 菜（艹）　間（門）

1 励（　　）
2 寧（　　）
3 隷（　　）
4 嗣（　　）
5 耗（　　）
6 裏（　　）
7 雑（　　）
8 廷（　　）
9 践（　　）
10 冊（　　）

（三） 熟語の構成のしかたには次のようなものがある。 (20) 2×10

ア 同じような意味の漢字を重ねたもの　（岩石）

（四） 次の四字熟語について、問1と問2に答えよ。 (30)

問1 後の□内のひらがなを漢字にして1～10に入れ、四字熟語を完成せよ。□内のひらがなは一度だけ使うこと。 (20) 2×10

ア 色1是空（　　）
イ 傍2無人（　　）
ウ 3止千万（　　）
エ 全知全4（　　）
オ 優5不断（　　）
カ 才色6備（　　）
キ 新進気7（　　）
ク 8思黙考（　　）
ケ 金科玉9（　　）
コ 群10割拠（　　）

14 議員の不正行為を弾劾する。（　　）
15 山は紅葉から茶褐色に変わった。（　　）
16 入寮の手続きを済ませた。（　　）
17 見るからに純朴な青年だ。（　　）
18 思い切り四肢を伸ばした。（　　）
19 先祖代々の系譜をたどる。（　　）
20 国連の治安部隊が駐屯している。（　　）
21 このままでは失敗は必定だ。（　　）
22 皇居の周囲に堀がある。（　　）
23 自在に人形を操る。（　　）
24 土砂崩れで山肌が露出した。（　　）
25 垣根越しに声をかけた。（　　）
26 風薫る五月になった。（　　）
27 醜い争いはやめよう。（　　）
28 柳の枝に繭玉をつける。（　　）
29 病気が再発する虞がある。（　　）
30 仮名遣いの間違いを直す。（　　）

イ　反対または対応の意味を表す字を重ねたもの　（高低）
ウ　上の字が下の字を修飾しているもの　（洋画）
エ　下の字が上の字の目的語・補語になっているもの　（着席）
オ　上の字が下の字の意味を打ち消しているもの　（非常）

次の熟語は右のア〜オのどれにあたるか、一つ選び、記号で記せ。

1 拙劣（　　）
2 叙景（　　）
3 逸脱（　　）
4 淑女（　　）
5 造幣（　　）
6 祈念（　　）
7 是非（　　）
8 未婚（　　）
9 贈答（　　）
10 頻発（　　）

えい・けん・じゃく・じゅう
しょう・じょう・そく・ちん
のう・ゆう

問2　次の11〜15の意味にあてはまるものを問1のア〜コの四字熟語から一つ選び、記号で記せ。　(10) 2×5

11 きわめてくだらなくて、ばかばかしいこと。（　　）
12 多くの実力者たちが各地で勢力をふるい、互いに対立しあうこと。（　　）
13 絶対的なよりどころとなる教訓や信念。（　　）
14 はっきりと決められないさま。（　　）
15 周囲のことを気にかけず、自分勝手に振る舞うこと。（　　）

（五）次の1～5の対義語、6～10の類義語を後の□の中から選び、漢字で記せ。□の中の語は一度だけ使うこと。 (20) 2×10

対義語

1 粗野（　　）
2 安泰（　　）
3 懐柔（　　）
4 受理（　　）
5 実践（　　）

類義語

6 策謀（　　）
7 制裁（　　）
8 逆襲（　　）
9 幽閉（　　）
10 慶賀（　　）

いあつ・かんきん・ききゅう
きゃっか・けいりゃく
しゅくふく・しょばつ
はんげき・ゆうが・りろん

（七）次の各文にまちがって使われている同じ読みの漢字が一字ある。上に誤字を、下に正しい漢字を記せ。 (10) 2×5

1 爆発物は看定の結果、相当な殺傷能力があることが判明した。（　）（　）
2 交通の不便さが障害となって、博覧会の誘置は失敗に終わった。（　）（　）
3 オゾン層の破壊で視外線の到達量が増え、人体に深刻な影響が出る。（　）（　）
4 日本の紙幣には、偽造防止のため最先端の印刷技術が区使されている。（　）（　）
5 陽光の降り注ぐ遠浅の海岸で、家族連れが潮日狩りに興じていた。（　）（　）

（八）次の――線のカタカナを漢字一字と送りがな（ひらがな）に直せ。 (10) 2×5

〈例〉問題にコタエル。（答える）

6 酸性雨が土壌にシントウする。（　　）
7 毎月一回はサンパツする。（　　）
8 稲の不作は冷夏がゲンキョウだった。（　　）
9 社会をフウシした川柳だ。（　　）
10 母校にセイエンを送る。（　　）
11 あまりのキョウフに顔がひきつる。（　　）
12 公園にジュレイ三百年の大木がある。（　　）
13 国民エイヨ賞が授与された。（　　）
14 シンゲン地付近は被害も大きい。（　　）
15 女性が一人カンルイにむせぶ。（　　）

(六) 次の――線のカタカナを漢字に直せ。 (20) 2×10

1 前トト有望な新人が入団した。（　　）
2 真情をトト露した手紙だった。（　　）
3 試合前に出場選手をコ舞する。（　　）
4 栄コ盛衰は世の常だ。（　　）
5 料金を月プで支払う。（　　）
6 完プ無きまでに打ちのめす。（　　）
7 出題のケイ向を分析する。（　　）
8 自然の恩ケイを受ける。（　　）
9 コスモスの花が一面にサく。（　　）
10 混雑をサけて早めに出かけた。（　　）

1 キタル九月一日に開幕します。（　　）
2 残念だが最下位にアマンジル。（　　）
3 親の機嫌をソコネル結果となった。（　　）
4 他人に影響をオヨボス。（　　）
5 連覇を達成してホコラシク思う。（　　）

(九) 次の――線のカタカナを漢字に直せ。 (50) 2×25

1 校長先生がトウダンする。（　　）
2 時間にヨユウをもって行動する。（　　）
3 職場のドウリョウに連絡する。（　　）
4 濃縮していた液体をカンゲンする。（　　）
5 彼はホンポウに生活している。（　　）

16 故郷のボンオドり大会に参加した。（　　）
17 終生の師とアオぐ人に出会った。（　　）
18 今年の夏もサカりを過ぎた。（　　）
19 久しぶりの再会に話がハズむ。（　　）
20 ナマリイロの空が広がる。（　　）
21 とっさの判断にトマドった。（　　）
22 有終の美をカザる一戦だった。（　　）
23 相手の申し出をコバむ。（　　）
24 試合に敗れ、クチビルを噛む。（　　）
25 実家の家業はハタオりだ。（　　）

資料 常用漢字表・付表1

覚えておきたい熟字訓・当て字訓

（○印は、どの時点で学習するかを示す）

漢字	読み	小学	中学	高校
明日	あす	○		
小豆	あずき		○	
海女・海士	あま			○
硫黄	いおう		○	
意気地	いくじ		○	
田舎	いなか		○	
息吹	いぶき			○
海原	うなばら		○	
乳母	うば		○	
浮気	うわき			○
浮つく	うわつく		○	
笑顔	えがお		○	
叔父・伯父	おじ		○	
大人	おとな	○		
乙女	おとめ		○	
叔母・伯母	おば		○	
お巡りさん	おまわりさん		○	
お神酒	おみき			○
母屋・母家	おもや			○
母さん	かあさん	○		
神楽	かぐら			○
河岸	かし			○
鍛冶	かじ		○	
風邪	かぜ		○	
固唾	かたず		○	
仮名	かな		○	
蚊帳	かや			○
為替	かわせ		○	
河原・川原	かわら	○		
昨日	きのう	○		
今日	きょう	○		
果物	くだもの	○		
玄人	くろうと			○
今朝	けさ	○		
景色	けしき	○		
心地	ここち		○	
居士	こじ			○
今年	ことし	○		
早乙女	さおとめ		○	
雑魚	ざこ			○
桟敷	さじき			○
差し支える	さしつかえる		○	
五月	さつき		○	
早苗	さなえ		○	
五月雨	さみだれ		○	
時雨	しぐれ		○	
尻尾	しっぽ		○	
竹刀	しない		○	
老舗	しにせ		○	
芝生	しばふ		○	
清水	しみず	○		
三味線	しゃみせん		○	
砂利	じゃり		○	
数珠	じゅず			○

上手	じょうず	○		
白髪	しらが		○	
素人	しろうと			○
師走	しわす（しはす）			○
数寄屋・数奇屋	すきや			○
相撲	すもう		○	
草履	ぞうり		○	
山車	だし			○
太刀	たち		○	
立ち退く	たちのく		○	
七夕	たなばた	○		
足袋	たび		○	
稚児	ちご			○
一日	ついたち	○		
築山	つきやま			○
梅雨	つゆ		○	
凸凹	でこぼこ		○	
手伝う	てつだう	○		
伝馬船	てんません			○
投網	とあみ			○
父さん	とうさん	○		
十重二十重	とえはたえ			○
読経	どきょう			○
時計	とけい	○		
友達	ともだち	○		
仲人	なこうど			○
名残	なごり		○	
雪崩	なだれ		○	
兄さん	にいさん	○		
姉さん	ねえさん	○		
野良	のら			○
祝詞	のりと			○
博士	はかせ	○		
二十・二十歳	はたち		○	
二十日	はつか	○		
波止場	はとば		○	
一人	ひとり	○		
日和	ひより		○	
二人	ふたり	○		
二日	ふつか	○		
吹雪	ふぶき		○	
下手	へた	○		
部屋	へや	○		
迷子	まいご	○		
真面目	まじめ	○		
真っ赤	まっか	○		
真っ青	まっさお	○		
土産	みやげ		○	
息子	むすこ		○	
眼鏡	めがね	○		
猛者	もさ			○
紅葉	もみじ		○	
木綿	もめん		○	
最寄り	もより		○	
八百長	やおちょう			○
八百屋	やおや	○		
大和	やまと		○	
弥生	やよい		○	
浴衣	ゆかた			○
行方	ゆくえ		○	
寄席	よせ			○
若人	わこうど		○	

「日本漢字能力検定」の受験の申し込み方法や検定実施日など，検定の詳細につきましては，「日本漢字能力検定協会」のホームページなどをご参照ください。
　また，本書に関する最新情報は，当社ホームページにある本書の「サポート情報」をご覧ください。(開設していない場合もございます。)

漢字検定 準2級 ピタリ！予想模試〔三訂版〕

編著者　絶対合格プロジェクト
発行者　岡　本　明　剛
印刷所　岩　岡　印　刷

発行所　受験研究社

〒550-0013 大阪市西区新町2丁目19番15号
注文・不良品などについて：(06)6532-1581(代表)／本の内容について：(06)6532-1586(編集)

Printed in Japan　髙廣製本
落丁・乱丁本はお取り替えします。

ひっぱると，はずして使えます。

漢字検定

ピタリ！
予想模試 準2級

解答編

予想模擬テスト❶

標準解答

2ページ～5ページ

（一）読み (30)

1	2	3	4	5	6	7	8	9	10	11	12	13	14	15
しょうもう しょうこう	るいせき	ていげん	しゃだん	しょくばい	けっしゅつ	たいぜん	かんしょう	どうさつ	さんばし	もうてん	きょうらく	ばいしょう	ゆうよ	そぞう

（二）部首 (10)

1	2	3	4	5	6	7	8	9	10
彳（ぎょうにんべん）	心（こころ）	巾（はば）	冫（にすい）	女（おんな）	麻（あさ）	二（に）	口（くち）	刀（かたな）	石（いし）

（四）四字熟語 (30)

問1

1	2	3	4	5	6	7	8	9	10
普	倒	為	序	惑	縫	喜	誇	厚	壁

（五）対義語・類義語 (20)

1	2	3	4	5	6	7	8	9	10
派遣	末尾	濃厚	偉大	異端	仲裁	面倒	潔白	鼓舞	丹念

（七）誤字訂正 (10)

	1	2	3	4	5
誤	慎	嘱	端	盲	採
正	振	殖	担	猛	載

（九）書き取り (50)

1	2	3	4	5	6	7	8	9	10	11	12
貢献	羅列	往診	密封	散逸	希薄	舞台	困惑	矛盾	暗黙	握手	脂肪

30	29	28	27	26	25	24	23	22	21	20	19	18	17	16
なごり	か	ととの	こうむ	ひとあわ	かたよ	みす	いや	つい	なが	よくそう	いかん	らっかん	そうわ	かいそう

(三) 熟語の構成 (20)

10	9	8	7	6	5	4	3	2	1
ア	エ	オ	イ	エ	エ	イ	ウ	ウ	ア

問2

15	14	13	12	11
ア	コ	ウ	カ	イ

(六) 同音・同訓異字 (20)

10	9	8	7	6	5	4	3	2	1
振	踏	慢	漫	刺	旨	渡	途	監	環

(八) 漢字と送りがな (10)

5	4	3	2	1
迫る	透ける	汚れる	訴える	勇ましい

25	24	23	22	21	20	19	18	17	16	15	14	13
息子	眠	浅瀬	致	手探	箱詰	諭	隅	捕	仕業	珍味	破壊	近況

予想模擬テスト❷

標準解答

6ページ～9ページ

(一) 読み (30)

1	2	3	4	5	6	7	8	9	10	11	12	13	14	15
きゅうぼう	かこん	こんいん	たいはい	せんこうてい	おうとつ	じゅんしょく	ぜんじ	じゅんかん	げり	ますい	ていしゅく	えんしょう	へい	けんきん

(二) 部首 (10)

1	2	3	4	5	6	7	8	9	10
土（つち）	囗（くにがまえ）	馬（うまへん）	欠（あくび・かける）	戸（とだれ・とかんむり）	木（き）	貝（かい・こがい）	疒（やまいだれ）	罒（あみがしら・あみめ・よこめ）	方（ほうへん・かたへん）

(四) 四字熟語 (30)

問1

1	2	3	4	5	6	7	8	9	10
慮	奇	到	笑	及	私	雑	致	妙	苦

(五) 対義語・類義語 (20)

1	2	3	4	5	6	7	8	9	10
簡潔	執心	低俗	一般	汚濁	処理	互角	道端	黙認	寄与

(七) 誤字訂正 (10)

	1	2	3	4	5
誤	召	公	明	単	頒
正	賞	更	迷	丹	販

(九) 書き取り (50)

1	2	3	4	5	6	7	8	9	10	11	12
忍耐	紡績	監督	述懐	疾風	攻略	冒頭	返却	実況	迎合	隣接	騒音

16	17	18	19	20	21	22	23	24	25	26	27	28	29	30
きが	かつあい	ちょういきん	そしゃく	はばつ	かん	もど	う	ほらあな どうけつ	たぐ	おおわく	なぐ	くだ	みぞ	おとめ

(三) 熟語の構成 (20)

1	2	3	4	5	6	7	8	9	10
ウ	エ	イ	エ	ア	ア	オ	エ	ウ	イ

問2

11	12	13	14	15
ケ	オ	カ	ア	コ

(六) 同音・同訓異字 (20)

1	2	3	4	5	6	7	8	9	10
摘	滴	違	偉	副	幅	燥	操	避	割

(八) 漢字と送りがな (10)

1	2	3	4	5
報いる	快い	寂れる	半ば	誉れ

13	14	15	16	17	18	19	20	21	22	23	24	25
屈指	祈願	玄関	挟	泡	澄	薪	剣	肩身	三味線	渡	朗	日和

予想模擬テスト③

標準解答

10ページ～13ページ

(一) 読み (30)

1	2	3	4	5	6	7	8	9	10	11	12	13	14	15
はあく	ひぎょう	はしゃ	ふっとう	かじょう	ぎんみ	きんこう	きょうじゅん	あいとう	ありゅう	ごうもん	もうら	けいこく	ほりょ	さんか

(二) 部首 (10)

1	2	3	4	5	6	7	8	9	10
矢 (やへん)	尸 (かばね・しかばね)	力 (ちから)	缶 (ほとぎ)	宀 (うかんむり)	一 (いち)	口 (くちへん)	巾 (はば)	自 (みずから)	瓦 (かわら)

(四) 四字熟語 問1 (30)

1	2	3	4	5	6	7	8	9	10
脱	深	夕	客	発	俗	慮	沈	潔	腹

(五) 対義語・類義語 (20)

1	2	3	4	5	6	7	8	9	10
添加	傍観	汚染	濃縮	拡散	発議	退却	奇抜	余計	模範

(七) 誤字訂正 (10)

	1	2	3	4	5
誤	収	給	剖	清	積
正	修	及	肪	静	詰

(九) 書き取り (50)

1	2	3	4	5	6	7	8	9	10	11	12
遍在	示唆	旋律	傑作	厳粛	恩恵	忙殺	威勢	回避	販売	援護	祝杯

16	17	18	19	20	21	22	23	24	25	26	27	28	29	30
にんたい	きんてい	たなだ	こうどく	かいせき	がんしょう	か	くさ	うずま	みが	いど	とむら	く	ゆうば	もよ

（三）熟語の構成（20）

1	2	3	4	5	6	7	8	9	10
エ	オ	ア	ウ	イ	ウ	エ	ウ	ア	イ

問2

11	12	13	14	15
エ	ア	キ	ウ	ケ

（六）同音・同訓異字（20）

1	2	3	4	5	6	7	8	9	10
意	為	触	飾	征	制	召	紹	押	推

（八）漢字と送りがな（10）

1	2	3	4	5
慎み	占める	煙たく	触れる	授かっ

13	14	15	16	17	18	19	20	21	22	23	24	25
飛躍	端麗	脚光	獲物	桃	雌	座	公	尋	初	廃	刃	田舎

予想模擬テスト④

標準解答

14ページ～17ページ

(一) 読み (30)

1	2	3	4	5	6	7	8	9	10	11	12	13	14	15
すうよう	へんせん	しはい	よれい	かもく	ないしょ	かんだい	がはく	ぎんえい	せっとう	しゃくりょう	ぼうが	しゅうき	びん	かっすい

(二) 部首 (10)

1	2	3	4	5	6	7	8	9	10
儿（ひとあし・にんにょう）	釆（のごめ）	虍（とらがしら・とらかんむり）	竜（りゅう）	走（そうにょう）	十（じゅう）	戈（ほこづくり・ほこがまえ）	旡（なし・ぶ・すでのつくり）	頁（おおがい）	八（は）

(四) 四字熟語 (30)

問1

1	2	3	4	5	6	7	8	9	10
途	髪	汚	到	進	尾	環	白	裏	挙

(五) 対義語・類義語 (20)

1	2	3	4	5	6	7	8	9	10
乾燥	反抗	沈下	下落	自慢	道徳	距離	嘆願	追放	永眠

(七) 誤字訂正 (10)

	1	2	3	4	5
誤	伸	快	料	才	供
正	進	解	療	彩	備

(九) 書き取り (50)

1	2	3	4	5	6	7	8	9	10	11	12
酷似	貢献	累積	珠玉	陪審	痛烈	鼓動	模範	形跡	分離	敏腕	弾力

30	29	28	27	26	25	24	23	22	21	20	19	18	17	16
おじ	うわ	たび	も	とのさま	にお	まゆ	とびら	まかな	さんかくす	はんじょう	はち	こうかく	かんてつ	そりゃく

（三）熟語の構成 (20)

10	9	8	7	6	5	4	3	2	1
エ	ウ	エ	ア	イ	ウ	オ	ア	エ	イ

問2

15	14	13	12	11
ウ	カ	ク	ア	オ

（六）同音・同訓異字 (20)

10	9	8	7	6	5	4	3	2	1
繰	朽	脳	悩	裁	載	叫	況	淡	丹

（八）漢字と送りがな (10)

5	4	3	2	1
恐ろしい	狭める	恥じる	専ら	健やかに

25	24	23	22	21	20	19	18	17	16	15	14	13
門出	煮物	陰	砂利	泥	挑	鎖	曇	出払	就	論旨	条項	皆勤

予想模擬テスト ⑤

標準解答

18ページ～21ページ

(一) 読み (30)

1	2	3	4	5	6	7	8	9	10	11	12	13	14	15
ほうそう	きんせん	けいぶ	じう	じゅがく	てっかい	じょうせい	ちゅうすう	ごいし	だらく	きゅうめい	ゆうきゅう	ゆうかい	はんぷ	すいせん

(二) 部首 (10)

1	2	3	4	5	6	7	8	9	10
彡（さんづくり）	穴（あなかんむり）	斉（せい）	車（くるまへん）	入（ひとやね）	虫（むし）	貝（かいへん）	灬（れんが・れっか）	隹（ふるとり）	匚（はこがまえ）

(四) 四字熟語 (30)

問1

1	2	3	4	5	6	7	8	9	10
騒	率	柔	鬼	霧	歴	暖	亡	致	威

(五) 対義語・類義語 (20)

1	2	3	4	5	6	7	8	9	10
親近	勤勉	分離	凡人	機敏	起源・起原	公表	失意	秘伝	解任

(七) 誤字訂正 (10)

	1	2	3	4	5
誤	脅	受	上	掲	命
正	凶	需	挙	傾	盟

(九) 書き取り (50)

1	2	3	4	5	6	7	8	9	10	11	12
廉価	洞察	抹消	漬物	干渉	柔和	健闘	鑑定	派遣	抱負	寸暇	老朽

30	29	28	27	26	25	24	23	22	21	20	19	18	17	16
ぞうり	えり	ほま	なご	も	かばしら	ひとはだ	どろ	つたな	しも	こんい	こうずい	かんぷ	ひんぱつ	けっさく

(三) 熟語の構成 (20)

10	9	8	7	6	5	4	3	2	1
ア	ウ	エ	イ	エ	ウ	イ	オ	ア	ア

問2

15	14	13	12	11
ウ	キ	ク	エ	オ

(六) 同音・同訓異字 (20)

10	9	8	7	6	5	4	3	2	1
詰	就	演	炎	冒	帽	願	含	周	秀

(八) 漢字と送りがな (10)

5	4	3	2	1
全く	強いる	斜め	尽きる	肥やす

25	24	23	22	21	20	19	18	17	16	15	14	13
踏切	継	面白	弔	釣	芋	肩	腕前	軒先	幾	普及	微風	警戒

予想模擬テスト❻

標準解答

22ページ～25ページ

（一）読み (30)

1	2	3	4	5	6	7	8	9	10	11	12	13	14	15
じゅうこう	もうそう	りゅうじん	そつう	こくしょ	とくそく	へんれき	しょうえん	いっしょう	けいこう	かいぼう	ぎおん	ちょうはつ	ていたく	じゅく

（二）部首 (10)

1	2	3	4	5	6	7	8	9	10
口（くち）	亠（なべぶた・けいさんかんむり）	羽（はね）	革（かわへん）	又（また）	玉（たま）	寸（すん）	貝（かい・こがい）	⺗（したごころ）	辶（しんにょう・しんにゅう）

（四）四字熟語 (30)

問1

1	2	3	4	5	6	7	8	9	10
迷	網	吐	闘	武	離	勧	扇	眠	兼

（五）対義語・類義語 (20)

1	2	3	4	5	6	7	8	9	10
禁欲	繁忙	綿密	簡略	売却	専念	承知	残念	担保	出納

（七）誤字訂正 (10)

	1	2	3	4	5
誤	以	伏	課	超	攻
正	依	服	暇	徴	抗

（九）書き取り (50)

1	2	3	4	5	6	7	8	9	10	11	12
渋滞	残忍	摩擦	管轄	紛失	連載	豪快	是正	信頼	根拠	乾杯	搬入

16	17	18	19	20	21	22	23	24	25	26	27	28	29	30
だちん	かいこう	せんぱく	へいゆ	ぞうわい	いっせい	いつわ	さ	やわ	すぎなみき	まなこ	すみ	はがね	ただ	かろ

（三）熟語の構成（20）

1	2	3	4	5	6	7	8	9	10
エ	ア	エ	オ	ア	ウ	イ	ウ	ア	イ

問2

11	12	13	14	15
イ	ク	ア	ウ	オ

（六）同音・同訓異字（20）

1	2	3	4	5	6	7	8	9	10
朽	及	協	狂	匹	筆	劣	烈	越	肥

（八）漢字と送りがな（10）

1	2	3	4	5
響き	詳しい	傾ける	費やし	腐らす

13	14	15	16	17	18	19	20	21	22	23	24	25
執筆	序盤	拍子	試	刈	水浸	鋭	繰	稼	憤	沖	茂	若人

予想模擬テスト 7

標準解答

26ページ～29ページ

(一) 読み (30)

1	2	3	4	5	6	7	8	9	10	11	12	13	14	15
せんじょう	ごうちょく	まさつ	いかく	ふんいき	ざぜん	こうとう	けんえん	じっせん	ちん	さくさん	じゅっかい	かくりょう	きょうゆ	さっきん

(二) 部首 (10)

1	2	3	4	5	6	7	8	9	10
火(ひへん)	曰(ひらび・いわく)	頁(おおがい)	爫(つめかんむり・つめがしら)	行(ぎょうがまえ・ゆきがまえ)	石(いし)	立(たつ)	戈(ほこづくり・ほこがまえ)	衣(ころも)	刂(りっとう)

(四) 四字熟語 (30)

問1

1	2	3	4	5	6	7	8	9	10
為	模	半	敵	翼	走	牛	舟	鬼	触

(五) 対義語・類義語 (20)

1	2	3	4	5	6	7	8	9	10
答申	閉鎖	近隣	追跡	繁栄	豪放	逆襲	根幹	危機	険悪

(七) 誤字訂正 (10)

	1	2	3	4	5
誤	造	礼	対	成	固
正	蔵	麗	耐	鳴	拠

(九) 書き取り (50)

1	2	3	4	5	6	7	8	9	10	11	12
打撲	陳謝	蛍光	解析	弊害	浮上	神妙	沈黙	矛盾	突進	月賦	静寂

16	17	18	19	20	21	22	23	24	25	26	27	28	29	30
しゅうしゅう	りっきゃく	やぼ	じゅうたい	かくじゅう	しの	あわ	つつぬ	ていさつ	たつまき	たなあ	い	かま	もっぱ	やまと

（三）熟語の構成（20）

1	2	3	4	5	6	7	8	9	10
イ	ウ	ア	オ	エ	ウ	イ	ウ	エ	ア

問2

11	12	13	14	15
キ	オ	イ	コ	ア

（六）同音・同訓異字（20）

1	2	3	4	5	6	7	8	9	10
拍	泊	沈	珍	尾	美	距	巨	捕	研

（八）漢字と送りがな（10）

1	2	3	4	5
結わえる	駆ける	嘆かわしい	承っ	偉ぶら

13	14	15	16	17	18	19	20	21	22	23	24	25
提訴	発砲	紋切	脱	震	趣	陥	涼	狩	丘	敷物	紫	笑顔

予想模擬テスト 8

標準解答

30ページ〜33ページ

(一) 読み (30)

1	2	3	4	5	6	7	8	9	10	11	12	13	14	15
しゅくせい	すいしょう	へいせつ	ふくせん	しょうがい	せんたく	しっこく	しゅざん	こうぼく	そうさく	べっそう	かっこ	ふうとう	こんぶ こぶ	かほう

(二) 部首 (10)

1	2	3	4	5	6	7	8	9	10
辶（しんにょう・しんにゅう）	音（おと）	鬼（おに）	虍（とらがしら・とらかんむり）	阝（おおざと）	糸（いと）	鳥（とり）	儿（ひとあし・にんにょう）	豕（ぶた・いのこ）	皿（さら）

(四) 四字熟語 (30)

問1

1	2	3	4	5	6	7	8	9	10
狂	胎	怒	丈	非	暴	闘	紫	奇	変

(五) 対義語・類義語 (20)

1	2	3	4	5	6	7	8	9	10
詳細	軽快	貧困	新鋭	放任	基盤	我慢	老練	模造	沿革

(七) 誤字訂正 (10)

	1	2	3	4	5
誤	途	遺	征	踊	積
正	吐	維	制	躍	跡

(九) 書き取り (50)

1	2	3	4	5	6	7	8	9	10	11	12
逐次	泰然	露呈	偏見	自虐	繁茂	反響	増幅	劣等	巡回	過敏	防御

30	29	28	27	26	25	24	23	22	21	20	19	18	17	16
かわせ	やえざくら	ちか	たまわ	か	よい	くつず	たてつぼ	おおざっぱ	せん	びょうとう	じゅうけつ	くうそ	ちゃくなん	かんきゅう

(三) 熟語の構成 (20)

10	9	8	7	6	5	4	3	2	1
ア	イ	エ	ウ	エ	オ	イ	エ	ウ	ア

問2

15	14	13	12	11
エ	ク	カ	イ	ケ

(六) 同音・同訓異字 (20)

10	9	8	7	6	5	4	3	2	1
載	述	却	脚	則	即	遣	堅	杯	輩

(八) 漢字と送りがな (10)

5	4	3	2	1
更に	薄らい	避ける	泊める	与える

25	24	23	22	21	20	19	18	17	16	15	14	13
竹刀	扇	鈍	手柄	芝生	嫌	諭	赤恥	暦	怒鳴	胴上	流儀	圏内

予想模擬テスト⑨

標準解答

34ページ～37ページ

（一）読み （30）

1	2	3	4	5	6	7	8	9	10	11	12	13	14	15
はっしょう	さんか	へんちょう	こうてつ	にゅうてい	とうき	せっちゅう	ていしゅく	せんさい	しょさい	ぶじょく	こうせつ	がんじょう	せんかい	ぞうてい

（二）部首 （10）

1	2	3	4	5	6	7	8	9	10
氵（さんずい）	殳（るまた・ほこづくり）	疒（やまいだれ）	大（だい）	甘（かん・あまい）	日（ひ）	酉（とりへん）	艹（くさかんむり）	歹（かばねへん・いちたへん・がつへん）	戸（とだれ・とかんむり）

（四）四字熟語 （30）

問1

1	2	3	4	5	6	7	8	9	10
床	尽	暮	薄	依	適	曲	混	遅	凶

（五）対義語・類義語 （20）

1	2	3	4	5	6	7	8	9	10
分割	更生	慎重	強固	採用	盛況	抜群	運搬	挙動	互角

（七）誤字訂正 （10）

	1	2	3	4	5
誤	般	臨	浄	振	締
正	繁	望	蒸	触	占

（九）書き取り （50）

1	2	3	4	5	6	7	8	9	10	11	12
文献	後逸	衝突	威嚇	妥結	格闘	絶叫	開拓	舗装	歌謡	比較	釈放

16	17	18	19	20	21	22	23	24	25	26	27	28	29	30
しゅさい	とうかつ	けんじょう	れんま	わくない	へびつか	やなぎ	さ	ちょうそ	ほのお	かわぐつ	つなみ	のぞ	すた	なだれ

(三) 熟語の構成 (20)

1	2	3	4	5	6	7	8	9	10
ア	ウ	オ	エ	イ	ウ	エ	エ	イ	ア

問2

11	12	13	14	15
オ	キ	カ	ウ	ア

(六) 同音・同訓異字 (20)

1	2	3	4	5	6	7	8	9	10
霧	夢	援	煙	推	吹	掘	屈	澄	透

(八) 漢字と送りがな (10)

1	2	3	4	5
危ぶむ	畳ん	頼もしい	映える	熟れる

13	14	15	16	17	18	19	20	21	22	23	24	25
戯曲	兼任	就寝	召	手堅	衣	狂	恋心	筒抜	酢飯	網	時雨	朽

予想模擬テスト⑩

標準解答

38ページ〜41ページ

（一）読み (30)

1	ほんそう
2	しさ じさ
3	じんそく
4	きげん
5	ゆいいつ
6	ぐち
7	すいみん
8	きょうせい
9	かんげん
10	ゆうしゅう
11	せんりゅう
12	さいばい
13	けんちょ
14	こんぼう
15	ゆえつ

（二）部首 (10)

1	酉（とりへん）
2	穴（あなかんむり）
3	卩（わりふ・ふしづくり）
4	片（かたへん）
5	甘（かん・あまい）
6	夕（た・ゆうべ）
7	艹（くさかんむり）
8	心（こころ）
9	田（た）
10	辛（からい）

（四）四字熟語 (30)

問1

1	2	3	4	5	6	7	8	9	10
援	玉	猛	応	厚	劣	想	飛	薄	我

（五）対義語・類義語 (20)

1	2	3	4	5	6	7	8	9	10
借用	繁殖	歳末	創造	末端	経緯	普通	親密	手柄	継承

（七）誤字訂正 (10)

	1	2	3	4	5
誤	点	飾	剛	基	犯
正	添	触	豪	規	冒

（九）書き取り (50)

1	2	3	4	5	6	7	8	9	10	11	12
探索	薫陶	便宜	醸造	交錯	偵察	専攻	屈折	遅延	連鎖	投稿	闘志

16	17	18	19	20	21	22	23	24	25	26	27	28	29	30
どじょう	ひょうしょう	はんぼう	ちき	しょむ	わ	かいづか	しる	つぼにわ	わずら	た	すず	うらかぜ	うるし	でこぼこ

（三）熟語の構成（20）

1	2	3	4	5	6	7	8	9	10
イ	エ	ア	ア	ウ	ウ	オ	エ	イ	エ

問2

11	12	13	14	15
ク	キ	ア	オ	コ

（六）同音・同訓異字（20）

1	2	3	4	5	6	7	8	9	10
荒	香	提	堤	預	与	陰	引	離	放

（八）漢字と送りがな（10）

1	2	3	4	5
試みる	隠れる	珍しい	背ける	甘やかさ

13	14	15	16	17	18	19	20	21	22	23	24	25
脈絡	徴収	雷鳴	寝	吹	渇	眺	汗	摘	幾重	撃	疲	煮

予想模擬テスト 11

標準解答

42ページ〜45ページ

(一) 読み (30)

1	2	3	4	5	6	7	8	9	10	11	12	13	14	15
せいやく	のうり	かくしん	じぎ	てっかい	とうすい	こうしょう	ばくぜん	しゅっか	ちゅうじょう	せんにん	りんり	しへい	だけつ	ろうおう

(二) 部首 (10)

1	2	3	4	5	6	7	8	9	10
氵(さんずい)	女(おんな)	犬(いぬ)	宀(うかんむり)	頁(おおがい)	斗(とます)	一(いち)	冂(どうがまえ・けいがまえ・まきがまえ)	凵(うけばこ)	糸(いと)

(四) 四字熟語 (30)

問1

1	2	3	4	5	6	7	8	9	10
折	躍	到	為	堅	隠	致	雷	客	罰

(五) 対義語・類義語 (20)

1	2	3	4	5	6	7	8	9	10
直進	栄転	合致	劣悪	高慢	屋敷	混雑	切迫	介入	推量

(七) 誤字訂正 (10)

	1	2	3	4	5
誤	片	謡	苦	接	頂
正	肩	踊	駆	折	重

(九) 書き取り (50)

1	2	3	4	5	6	7	8	9	10	11	12
婚姻	軟化	朗詠	粉砕	土塁	添付	光沢	噴煙	遠征	傾注	疑惑	雌雄

16	17	18	19	20	21	22	23	24	25	26	27	28	29	30
たいよ	しょうぎ	じゃっかん	のうかん	ゆきげしょう	はぐきしけい	は	ほたる	きら	かわ	そこ	ねこぜ	み	はさ	ひより

（三）熟語の構成（20）

1	2	3	4	5	6	7	8	9	10
ウ	エ	ウ	イ	ア	ア	オ	イ	エ	ア

問2

11	12	13	14	15
エ	カ	キ	オ	ク

（六）同音・同訓異字（20）

1	2	3	4	5	6	7	8	9	10
壊	解	紋	門	柄	閉	翼	翌	継	次

（八）漢字と送りがな（10）

1	2	3	4	5
輝かしい	添える	伺い	傾く	戒める

13	14	15	16	17	18	19	20	21	22	23	24	25
殺到	首尾	含蓄	渦	併	跳	倒	薄着	抱	髪	刺	欲	行方

予想模擬テスト ⑫

標準解答

46ページ～49ページ

(一) 読み (30)

1	2	3	4	5	6	7	8	9	10	11	12	13	14	15
じょじゅつ	きょひ	こくじ	かんちょう	しょうほん	とうじょう	さいか	きほう	しょうちょく	ふんがい	そうだい	だせい	ふんきゅう	ちょうばつ	よゆう

(二) 部首 (10)

1	2	3	4	5	6	7	8	9	10
欠（あくび・かける）	禾（のぎ）	歹（かばねへん・いちたへん・がつへん）	氺（したみず）	卩（わりふ・ふしづくり）	口（くち）	穴（あなかんむり）	阝（こざとへん）	力（ちから）	手（て）

(四) 四字熟語 (30)

問1

1	2	3	4	5	6	7	8	9	10
帆	離	霧	棟	先	雷	旨	忙	遇	慮

(五) 対義語・類義語 (20)

1	2	3	4	5	6	7	8	9	10
混乱	遺失	記憶	獲得	凡才	除去	永遠	難儀	激怒	死角

(七) 誤字訂正 (10)

	1	2	3	4	5
誤	避	間	意	硬	求
正	被	刊	為	恒	及

(九) 書き取り (50)

1	2	3	4	5	6	7	8	9	10	11	12
媒体	提督	幻滅	治癒	一斉	更新	踏襲	維持	周到	介護	輩出	漁獲

30	29	28	27	26	25	24	23	22	21	20	19	18	17	16
いた	はなお	わらべうた	あかつき	つ	ほ	おちい	から	さえぎ	や	きかん	ちつじょ	なんか	めいか	おうひ

(三) 熟語の構成 (20)

10	9	8	7	6	5	4	3	2	1
イ	エ	ア	ウ	イ	ウ	オ	ア	エ	ア

問2

15	14	13	12	11
ウ	ア	ケ	コ	カ

(六) 同音・同訓異字 (20)

10	9	8	7	6	5	4	3	2	1
柄	得	従	獣	撃	劇	姓	勢	浮	腐

(八) 漢字と送りがな (10)

5	4	3	2	1
抱える	遅れる	違え	悩まさ	恋しい

25	24	23	22	21	20	19	18	17	16	15	14	13
背丈	軒並	騒	弾	虜	遮	助太刀	沼	朝露	素泊	誇張	点滴	耐用

予想模擬テスト⑬

標準解答

50ページ～53ページ

(一) 読み (30)

1	2	3	4	5	6	7	8	9	10	11	12	13	14	15
ぼんよう	いっかつ	りこう	ちくじ	よいん	ぶんせき	ひじゅん	すうはい	りゅうさん	こうてい	けんさく	しゅくん	せいりょう	しょうぞうが	ふじょ

(二) 部首 (10)

1	2	3	4	5	6	7	8	9	10
土（つち）	虍（とらがしら・とらかんむり）	罒（あみがしら・あみめ・よこめ）	巾（はば）	亠（なべぶた・けいさんかんむり）	氵（さんずい）	衣（ころも）	口（くち）	鬼（おに）	木（き）

(四) 四字熟語 問1 (30)

1	2	3	4	5	6	7	8	9	10
満	尾	与	悪	驚	東	婚	俗	紫	奮

(五) 対義語・類義語 (20)

1	2	3	4	5	6	7	8	9	10
保存	任命	新鮮	蓄積	極端	堅固	高慢	介抱	風潮	服従

(七) 誤字訂正 (10)

	1	2	3	4	5
誤	晴	幻	造	役	虜
正	張	玄	贈	躍	慮

(九) 書き取り (50)

1	2	3	4	5	6	7	8	9	10	11	12
括弧	禍根	疲弊	渋面	利潤	傾斜	強烈	恒久	歓喜	趣味	傍受	憶測

16	17	18	19	20	21	22	23	24	25	26	27	28	29	30
かんぼつ	しんりょう	しゅんびん	ひろう	けいしゅく	は	むねあ	うずしお	あまでら	つぐな	しぶ	さと	あさ	はなは	すもう

(三) 熟語の構成 (20)

1	2	3	4	5	6	7	8	9	10
ア	ウ	イ	ウ	エ	イ	オ	ア	エ	ウ

問2

11	12	13	14	15
ケ	カ	ウ	イ	キ

(六) 同音・同訓異字 (20)

1	2	3	4	5	6	7	8	9	10
踏	透	緯	維	菓	課	盤	晩	駆	枯

(八) 漢字と送りがな (10)

1	2	3	4	5
鮮やかに	和やかな	巡る	被る	操る

13	14	15	16	17	18	19	20	21	22	23	24	25
立脚	耐熱	万雷	琴	賄	峰	触	唐草	翼	畳	沢登	大幅	吹雪

予想模擬テスト 14

標準解答

54ページ～57ページ

(一) 読み (30)

1	2	3	4	5	6	7	8	9	10	11	12	13	14	15
そしょう	らいひん	ほうしゅう	じしゅく	ぼくめつ	かっぱ	がんけん	せんりつ	あんねい	はいえつ	とうほん	だこう	ばいよう	しんし	にんしん

(二) 部首 (10)

1	2	3	4	5	6	7	8	9	10
聿（ふでづくり）	玄（げん）	⺗（したごころ）	廾（こまぬき・にじゅうあし）	大（だい）	羽（はね）	日（ひ）	山（やま）	手（て）	木（き）

(四) 四字熟語 (30)

問1

1	2	3	4	5	6	7	8	9	10
朽	麗	極	尾	仲	周	馬	刻	鬼	我

(五) 対義語・類義語 (20)

1	2	3	4	5	6	7	8	9	10
結末	設置	釈放	兼務	侵害	明朗	考慮	是認	知己	仰天

(七) 誤字訂正 (10)

	1	2	3	4	5
誤	環	速	当	産	満
正	監	即	到	散	慢

(九) 書き取り (50)

1	2	3	4	5	6	7	8	9	10	11	12
俊才	容赦	推奨	余韻	麻酔	尽力	圏外	露骨	迫害	一翼	抗議	祈念

16	17	18	19	20	21	22	23	24	25	26	27	28	29	30
さぎ	かいきゅう	かんしょう	こっきしん	もとせん	うね	くちびる	みさき	あたい	すす	こ	やおもて	こば	かせ	はとば

(三) 熟語の構成 (20)

1	2	3	4	5	6	7	8	9	10
エ	ウ	ア	エ	オ	ウ	ア	イ	エ	イ

問2

11	12	13	14	15
イ	コ	ア	ケ	エ

(六) 同音・同訓異字 (20)

1	2	3	4	5	6	7	8	9	10
齢	礼	鋭	影	暦	歴	攻	抗	抜	脱

(八) 漢字と送りがな (10)

1	2	3	4	5
忙しい	著しい	逃れ	兼ねる	描い

13	14	15	16	17	18	19	20	21	22	23	24	25
甘味	惨状	交互	挟	紡	腰	和	獣道	劣	白髪	厳	肩透	神主

予想模擬テスト 15

標準解答

58ページ～61ページ

(一) 読み (30)

1	2	3	4	5	6	7	8	9	10	11	12	13	14	15
ゆうし	らくのう	いっぴん	いちまつ	かんせい	かんかつ	ちょうぼう	へいがい	せいきょ	ぎょくじ	どしゃ	しょうじょう	おうこう	だんがい	ちゃかっしょく

(二) 部首 (10)

1	2	3	4	5	6	7	8	9	10
力 (ちから)	宀 (うかんむり)	隶 (れいづくり)	口 (くち)	耒 (すきへん・らいすき)	衣 (ころも)	隹 (ふるとり)	廴 (えんにょう)	𧾷 (あしへん)	冂 (どうがまえ・けいがまえ・まきがまえ)

(四) 四字熟語 問1 (30)

1	2	3	4	5	6	7	8	9	10
即	若	笑	能	柔	兼	鋭	沈	条	雄

(五) 対義語・類義語 (20)

1	2	3	4	5	6	7	8	9	10
優雅	危急	威圧	却下	理論	計略	処罰	反撃	監禁	祝福

(七) 誤字訂正 (10)

	1	2	3	4	5
誤	看	置	視	区	日
正	鑑	致	紫	駆	干

(九) 書き取り (50)

1	2	3	4	5	6	7	8	9	10	11	12
登壇	余裕	同僚	還元	奔放	浸透	散髪	元凶	風刺	声援	恐怖	樹齢

16	17	18	19	20	21	22	23	24	25	26	27	28	29	30
にゅうりょう	じゅんぼく	しし	けいふ	ちゅうとん	ひつじょう	ほり	あやつ	やまはだ	かきね	かお	みにく	まゆだま	おそれ	かな

(三) 熟語の構成 (20)

1	2	3	4	5	6	7	8	9	10
ア	エ	ア	ウ	エ	ア	イ	オ	イ	ウ

問2

11	12	13	14	15
ウ	コ	ケ	オ	イ

(六) 同音・同訓異字 (20)

1	2	3	4	5	6	7	8	9	10
途	吐	鼓	枯	賦	膚	傾	恵	咲	避

(八) 漢字と送りがな (10)

1	2	3	4	5
来る	甘んじる	損ねる	及ぼす	誇らしく

13	14	15	16	17	18	19	20	21	22	23	24	25
栄誉	震源	感涙	盆踊	仰	盛	弾	鉛色	戸惑	飾	拒	唇	機織